이순신, 거북선으로 나라를 구하다

역사를 바꾼 인물들 1

이순신, 거북선으로 나라를 구하다

초판 1쇄 2014년 2월 20일 **초판 2쇄** 2022년 5월 20일
지은이 박지숙
그린이 송지영
펴낸이 신형건
펴낸곳 (주)푸른책들 **임프린트** 보물창고
등록 제321-2008-00155호
주소 서울특별시 서초구 양재천로7길 16 푸르니빌딩 (우)137-891
전화 02-581-0334~5 | **팩스** 02-582-0648
이메일 prooni@prooni.com | **홈페이지** www.prooni.com
인스타그램 @proonibook | **블로그** blog.naver.com/proonibook

ⓒ (주)푸른책들, 2014

ISBN 978-89-6170-366-6 74990

*잘못된 책은 구입한 곳에서 바꾸어 드립니다.
*이 책 내용의 일부 또는 전부를 재사용하려면 반드시 저작권자와
(주)푸른책들 양측의 서면 동의를 얻어야 합니다.

이 도서의 국립중앙도서관 출판시도서목록(CIP)은 서지정보유통지원시스템 홈페이지(http://seoji.nl.go.kr)와
국가자료공동목록시스템(http://www.nl.go.kr/kolisnet)에서 이용하실 수 있습니다.
(CIP제어번호 : CIP2014001284)

보물창고는 (주)푸른책들의 유아, 어린이, 청소년 도서 임프린트입니다.

이순신,
거북선으로 나라를 구하다

박지숙 글 | 송지영 그림

보물창고

■ 글쓴이의 말

23전 23승, 불패의 신화를 이룬 주인공

"세계 역사상 이순신만 한 사람은 없으며 그는 일본인들에게도 큰 존경을 받고 있다."

일본의 역사 소설가 시바 료타로의 말입니다. 그는 이순신의 청렴함, 통솔력, 충성심, 용기 등을 높이 사며 이러한 사람이 실재했다는 것 자체가 기적이라고 말했습니다.

일본뿐 아니라 전 세계에서도 인정하고 있는 이순신 장군의 위대함은 세계 역사에서 유일무이한 기록으로도 증명되고 있습니다. 바로 1592년 일본이 우리나라에 쳐들어왔을 때 스물세 차례 싸워서 스물세 차례 모두 이긴 불패의 신화를 이룬 것입니다. 그래서 임진왜란을 승리로 이끌었지요. 이러한 전승 기록은 세계 해전 역사상 이순신 장군만

가지고 있습니다.

그러면 이순신 장군은 어떻게 모든 싸움에서 이길 수 있었을까요? 분명 승리의 비법이 있었을 텐데 말입니다. 탁월한 전술, 거북선의 활용, 죽음을 두려워하지 않는 용기, 부하와 백성들을 아끼는 마음, 한결같은 나라 사랑……. 이 책에는 위기에 빠진 조선을 구했던 승리의 비결이 고스란히 담겨 있습니다. 그리고 이것이 바로 이순신 장군이 '성웅'으로 불리며 지금까지 많은 사람들에게 존경받는 까닭입니다.

이순신 장군의 행적과 마음을 따라가며 '장군 이순신'뿐만 아니라 '인간 이순신'도 만나길 바랍니다.

－2014년 봄을 기다리며, 박지숙

차례

건천동 골목대장 • 9

꿈을 품고 가는 길 • 17

내리막 또 내리막 벼슬살이 • 25

이 바다를 지키기 위하여 • 34

이순신의 4대 비밀 병기 • 42

피로 물드는 바다 • 55

거북선이여, 바다를 누벼라! • 63

먹빛 구름 같은 슬픔 • **73**

조선 수군을 지켜라! • **82**

울돌목에서의 한판 승부 • **90**

봄꿈 가득한 겨울 바다에서 • **98**

별, 스러지다 • **107**

글쓴이의 말 • 4
역사인물 돋보기 • 119

건천동 골목대장

 이순신은 장기판을 보며 픽 웃었다. 다음 수가 훤히 보였다. 하도 많이 겨루다 보니 이제는 훈장님의 장기 두는 습관을 외우고도 남겠다. 길이 다 보였다.
 "훈장님, 딴말하면 안 돼요. 글공부 안 하고 놀아도 되는 거예요. 맞지요?"
 이순신은 다짐받듯 내기 조건을 다시 확인했다. 오늘도 전쟁놀이를 실컷 할 생각에 동무들은 신이 나 키득거렸다. 벌써 책보를 싸는 아이도 있었다.
 "허어, 이상하다. 분명히 묘수를 두었는데……."
 훈장님이 쩝쩝 입맛을 다시며 장기 알을 만지작거렸다.

갈 길이 막혔으니 이리 놔도 신통치 않고 저리 놔도 마땅치 않다. 그때였다.

"훈장님, 이곳에 두시지요."

엊그제 서당에 새로 온 류성룡이 훈수를 두는 게 아닌가.

"옳거니! 우리 신통방통이가 나를 살리는구나. 장군이요!"

눈 깜짝할 사이에 역전이 되었다. 서당 아이들은 실망하여 투덜거렸고, 이순신은 분을 참지 못해 식식거렸다. 당장 녀석에게 한 방 날리고 싶었다.

"훈장님, 이건 반칙이에요. 다시 해요, 다시!"

"나는 싫다. 정 하고 싶으면 성룡이와 해보련?"

훈장님이 헤벌쭉 웃었다.

"좋아요. 쟤를 이기면 놀아도 되죠?"

이순신은 류성룡과 철퍼덕 마주 앉았다. 한 수, 한 수 신중하게 장기 알을 놓았다. 그러나 류성룡은 고수였다. 이순신은 상대가 되지 않았다. 이제 농땡이는 물 건너가고 건천동 골목대장의 꼴이 말이 아니게 되었다.

"야, 굴러온 돌이 박힌 돌을 빼내는 거냐? 글공부밖에 모르는 샌님 주제에……."

아이들은 툴툴거리며 책을 펴들었다.

글공부가 끝난 뒤 뒷산에서 이순신과 동무들이 전쟁놀이를 할 때였다. 늦게까지 서당에 남았던 류성룡이 지나갔다. 이순신이 류성룡에게 볼멘소리를 툭 던졌다.

"어이, 샌님! 나는 박힌 돌을 빼내지도 않고, 죽어라 글공부만 하지도 않아."

류성룡이 이순신을 빤히 바라봤다. 그러고는 심드렁하게 말했다.

"그래? 그럼 우리 전쟁놀이로 승부를 가려 볼래?"

이순신은 의기양양해졌다. 전쟁놀이는 자기가 제일 잘하지 않는가.

"좋아. 전쟁에서 지고 후회하지 마라!"

전쟁이 시작되었다. 이순신과 류성룡은 두 편으로 갈라져 숲으로 숨었다. 숲 속은 고요했다. 산새도 울지 않고 바람결도 잠잠했다. 얼마 뒤, 먼저 모습을 드러낸 것은 이순신이었다. 이순신은 우거진 덤불에 숨어 건너편 바위를 살폈다. 역시 동무 하나의 머리꼭지가 보였다.

'그러면 그렇지! 샌님이 전쟁놀이를 할 줄 알겠어? 빙 돌아 바위 뒤에 숨은 녀석들을 치면 되는 거야. 아주 싱겁게 끝나겠군.'

이순신은 동무들과 바위 뒤로 향했다. 조심조심 다가가 막 공격하려 할 때였다.

"모두 물리쳐라!"

류성룡의 목소리가 뒤에서 쩌렁쩌렁 울리더니 상대편 아이들이 공격해 왔다. 유인술에 걸려든 것이다. 이순신은 보기 좋게 또 당했다. 류성룡의 나무칼로 옆구리까지 맞으면서…….

'에잇, 건천동 골목대장의 체면은 땅에 떨어지고 말았다!'

이순신은 풀썩 바위에 앉았다. 분을 삭일 수 없었다.

놀이가 멈추자 동무들은 옆구리를 꾹꾹 찌르며 슬그머니 내뺐다. 남은 건 류성룡뿐이었다.

"미안하다, 순신아. 글공부를 자꾸 빼먹기에 너를 이긴 거야. 맘씨 좋은 훈장님을 곤경에 빠뜨리면 안 되잖아.

벌써 공부는 안 시키고 놀리기만 하는 서당이라고 소문났던데……."

이순신은 뜨끔했다. 칼싸움, 전쟁놀이에 맛이 들어 훈장님 생각은 조금도 안 했다.

"아까 막말해서 미안해. 샌님이라고 한 것도……. 그런데 형은 못하는 게 뭐야?"

이순신이 넉살 좋게 웃으며 세 살 많은 류성룡에게 진심으로 사과했다.

"그냥 조금씩 다 해. 글과 무예, 어느 것에도 치우치지 않고 균형 잡힌 사람으로 살고 싶거든."

"히야, 대단한걸. 난 노는 게 최고인데! 하긴 형은 네 살 때 『대학』을 줄줄 외운 신동이라며? 우리 훈장님이 얼마나 자랑하신다고. 어떻게 그리 공부를 잘하는 거야?"

"몰라. 어머니 태몽 때문인가? 내가 태어날 때 이무기가 푸른 용이 되어 하늘로 오르는 꿈을 꾸셨다고 했거든. 그래서 내 이름이 성룡(成龍)이야."

"내 이름 순신은 '훌륭한 신하'라는 뜻이야. 우리 할아버지가 꿈에 나타나셔서 '이 아이는 장차 나라를 위해 큰

일을 할 것이다. 그러니 순임금 순(舜), 신하 신(臣)을 써서 순신이라 지어라.'라고 하셨대. 우리 할아버지는……."

순간, 이순신의 얼굴빛이 어두워졌다.

"알아, 너희 집안 이야기. 할아버님이 바른 정치를 펴려다가 돌아가셨다면서? 참 훌륭한 어른이라고 우리 아버지가 말씀하셨어. 순신아, 우리 꼭 이름값 하자!"

"좋아, 형!"

이순신의 얼굴이 금세 밝아졌다.

그때부터 놀기 대장 이순신은 달라졌다. 책 읽기에 맛들이고 생각도 깊어졌다. 그리고 이순신과 류성룡은 둘도 없는 단짝이 되었다.

하지만 얼마 뒤, 둘은 아쉬운 이별을 해야 했다. 집안 형편이 어려워지자 이순신의 부모님이 한양을 떠나기로 한 것이다.

"형, 글공부 열심히 해서 꼭 과거에 급제해."

"그래. 너도 반드시 글공부를 하면서 무술을 익히렴."

둘은 편지를 주고받으며 우정을 다지기로 약속했다.

이순신은 외가가 있는 충청도 아산 뱀밭골로 온 뒤에도

골목대장이 되었다. 용감하고 영리한 이순신을 동네 아이들이 잘 따랐던 것이다. 이순신은 드넓은 들판을 마음껏 뛰어다니며 노는 행복한 시절을 누렸다. 집안은 비록 가난했지만, 어머니의 사랑은 넘쳤고 아버지의 가르침은 자애로웠다. 이순신은 용기와 지혜를 갖춘 사람을 꿈꾸며 점점 의젓한 청년으로 자랐다.

꿈을 품고 가는 길

"여보게! 요즘 북쪽 지방에는 여진족이 끊임없이 넘나들고, 남쪽 지방에는 왜구들의 노략질이 심하다네. 그래서 백성들이 무척 고통받는다는군. 어떤가? 자네가 훌륭한 장수가 되어 백성들을 돌보고 나라를 구하지 않겠는가?"

하루는 장인 방진이 이순신을 불러 물었다. 이순신이 결혼한 지 몇 달 지나지 않은 스물한 살 때였다.

"제가 어찌…… 그런 큰일을 할 수 있겠습니까?"

이순신의 가슴이 두방망이질 쳤다.

장수가 되는 것! 그것은 이순신이 마음속 깊이 품고 있던 꿈이었다. 하지만 이순신은 단 한 번도 자신의 꿈을 드러내지 않았다. 조선에서 군사를 부리는 무인은 글과 학문에 힘쓰는 문인보다 대접받지 못했다. 할아버지 이백록이 나라를 개혁하려다가 죽임을 당한 뒤 이순신의 집안은 몰락했다. 그리하여 아버지 이정은 평생 벼슬을 못 하고 글 읽는 선비로만 살아야 했다. 이순신은 과거에 급제하여 아버지의 한을 풀어 드리고 싶었다. 몰락한 가문을 다시 일으켜 세우고, 가난에 헐벗은 어머니를 기쁘게 해 드려야 했다. 더구나 이제는 결혼까지 하여 한 집안의 가장이 아니던가. 가족에게 어렵고 힘든 길을 가게 할 순 없었다. 이순신은 대답을 못 하고 머뭇거렸다.

"자네 꿈이지 않은가. 모름지기 사내대장부라면 자신의 큰 뜻을 펼쳐야 하네. 지금 이 나라에는 기둥처럼 듬직하고 주춧돌처럼 든든한 인재가 필요하네. 자네가 그런 사람이 되게나. 집안 살림 걱정은 하지 말고."

이순신은 자신의 꿈을 일깨워 주고 용기를 북돋아 주는 장인이 더없이 고마웠다. 무인의 길을 걷기로 결심한 이순신은 본격적으로 훈련에 들어갔다. 말타기, 활쏘기, 창

다루기 등의 무술 수련이 몇 년간 이어졌다.

그러다 스물여덟이 되던 가을, 이순신은 첫 무과 시험을 치렀다.

첫 번째 시험은 활쏘기로 그가 가장 자신 있는 종목이었다. 이순신은 떨리는 마음을 다잡고 활시위를 당겼다. 활이 팽팽해지면서 그의 팔도 부풀어 올랐다. 호흡을 고르며 멀리 과녁을 뚫어지게 응시하자, 과녁판이 점점 가까이 다가오는 듯하더니 과녁 점이 또렷하게 보였다. 이순신이 힘차게 시위를 놓았다.

피융~! 바람을 가르며 날아가는 화살 소리가 맑고 경쾌했다. 명중이었다! 이순신이 쏜 화살 다섯 발은 모두 과녁의 중앙에 꽂혔다.

'이대로라면 합격은 문제없겠군.'

이순신은 어깨가 으쓱해졌다.

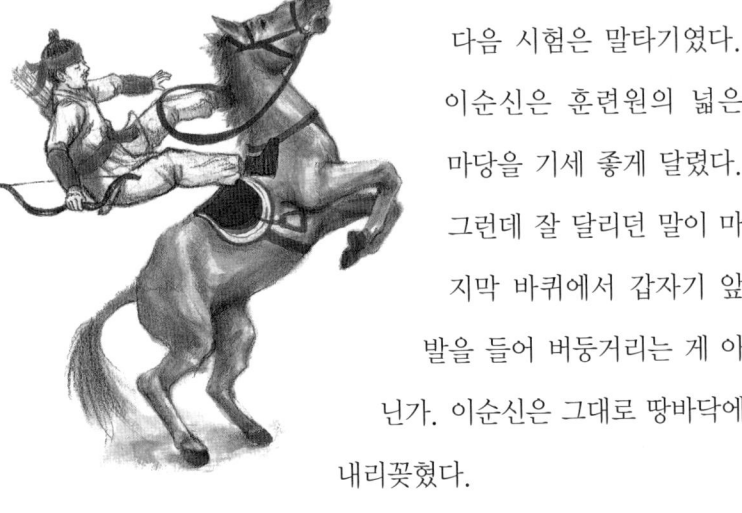

다음 시험은 말타기였다. 이순신은 훈련원의 넓은 마당을 기세 좋게 달렸다. 그런데 잘 달리던 말이 마지막 바퀴에서 갑자기 앞발을 들어 버둥거리는 게 아닌가. 이순신은 그대로 땅바닥에 내리꽂혔다.

"아이고, 저런……."

훈련원 마당은 침묵에 휩싸였다. 시험관들도, 구경꾼들도 갑작스러운 사고에 입을 다물지 못했다. 모두 이순신이 죽었을 거라고 혀를 찼다.

그때 이순신이 꿈틀 움직였다. 정신을 차린 이순신은 말고삐를 부여잡았다. 그런데 왼쪽 다리에서 커다란 통증이 느껴졌다. 다리가 부러져 있었다.

'아, 낙방이구나. 하지만 이대로 멈출 순 없어!'

이순신은 시험에는 떨어지더라도 끝까지 해내고 싶었다. 움직일 때마다 칼로 찌르고 베는 듯한 고통이 몰려왔다. 이순신은 입술을 꽉 깨물고 간신히 버드나무 밑으로 갔다. 축 늘어진 가지를 꺾어 껍질을 벗겼다. 이순신을 지켜보는 사람들 모두 숨을 죽였다. 그런데 이순신이 껍질로 부러진 다리를 동여맨 뒤 다시 말에 오르는 것이 아닌가.

"허허, 참으로 장한 사람이로세!"

"일등감이었는데 아깝다, 아까워!"

지켜보던 사람들이 탄성을 질렀다. 시험관들도 참을성 있고 침착한 이순신을 보며 흐뭇해했다. 하지만 과거에는 불합격이었다.

이순신은 허탈했다. 꿈으로 가득 찼던 마음 곳간이 텅 빈 듯했다. 아들이 잘되기만을 바라던 부모님을 어찌 뵐까. 무술에 전념하도록 살뜰히 챙겨 줬던 장인도 차마 볼 수 없었다. 게다가 아내

와 갓 태어난 아들에게 자랑스러운 모습을 보여 주지 못해 안타까웠다.

"이보게, 순신이. 마음 아파하지 말게. 큰 꿈을 가진 사람은 실패를 두려워하지 않네. 누구나 한 번쯤은 실패하니 너무 실망하지 말게."

친구 류성룡이 이순신을 위로해 주었다.

"자네 말이 옳아. 이제부터는 나약한 마음을 갖지 않겠네. 흔들리지 않는 나로 거듭나겠어!"

이순신은 작은 실패에 낙담하는 자신이 부끄러웠다. 이리 약해서야 어찌 나라를 구하고 백성들을 돌볼까. 마음을 다잡은 이순신은 더욱더 무술 훈련에 힘썼다. 그로부터 4년 뒤 이순신은 당당히 무과에 급제했다.

이순신의 첫 벼슬은 동구비보를 지키는 군관이었다. 동구비보는 백두산 아래에 있는 첩첩산골로 여진족이 자주 쳐들어오는 위험한 곳이었다. 그래서 그 누구도 선뜻 가려 하지 않았다.

"어허, 고생문이 열렸구먼. 빨리 윗사람에게 부탁하여 다른 곳으로 가게나."

사람들이 이순신에게 귀띔했다. 하지만 이순신은 고개를 저었다. 오랑캐를 막는 것은 무관이 할 일이었다. 외딴 섬이든 험한 산이든 상관없었다. 오히려 그런 곳이야말로 자신이 가야 할 자리였다.

이순신은 사랑하는 가족을 고향에 남겨 두고 홀로 북쪽으로 말을 달렸다. 맵찬 겨울바람을 가르며 도착한 동구비보는 엉망진창이었다. 성은 허물어졌고 무기는 낡고 녹슬어 쓸 만한 게 없었다. 병사들도 군기가 빠진 오합지졸뿐이었다.

"병사들은 들어라. 너희는 우리 땅을 넘보는 오랑캐에 맞설 힘이 있느냐? 오랑캐의 말발굽에 너희 가족을 지킬 자신이 있느냐?"

이순신은 허물어진 성을 다시 쌓고 망가진 무기를 고쳤다. 굵은 눈이 펑펑 쏟아지고 입김조차 얼어붙는 추운 날씨에도 매일같이 훈련했다. 그러자 병사들이 불만을 터뜨렸다.

"에잇, 한겨울에 웬 훈련이람. 오랑캐가 쳐들어올 리도 없는데 말이야."

"차라리 전에 있던 수비 대장이 그립네, 그리워."

이순신은 병사들과 똑같이 먹고 자고 훈련하면서 고생도 함께하였다. 이순신의 진심이 싸늘했던 병사들에게 전해진 것일까. 차츰 병사들도 이순신에게 마음을 열었다.

"군관 나리는 예전의 수비 대장들과 달라. 그들은 이곳에 오자마자 높은 사람들에게 뇌물이나 바친 후 돌아갔잖아."

"맞아. 잘 생각해 보면 군관 나리는 우리를 살리려는 거야. 봄이 오면 오랑캐들이 활개 칠 텐데 지금부터 훈련해야 우리 목숨을 지킬 수 있다고."

겨우내 병사들의 훈련 소리가 눈 덮인 백두산까지 쩌렁쩌렁 울렸다. 땅도, 나무도, 하늘도 꽁꽁 얼어붙은 땅에서 병사들과 함께 땀을 흘리다 보면, 노루 꼬리만 한 겨울 해가 금세 서산 너머로 사라졌다. 1년, 2년, 3년이 지났다. 어느새 동구비보는 여진족이 감히 넘보지 못하는 강한 요새가 되었다.

내리막 또 내리막 벼슬살이

 산골짝 얼음이 풀리자 들꽃이 예서제서 피고 산새들의 지저귐도 흥겨운 봄이 되었다. 동구비보에서 임기를 마친 이순신은 훈련원 봉사*로 승진하여 한양으로 올라왔다. 훈련원에서도 이순신은 맡은 일에 충실했다. 그런데 그의 올곧은 성격 때문에 종종 윗사람과 부딪히기 시작했다.
 "이 봉사, 내 친척을 높은 자리에 앉히려고 하니 서류를 꾸며 주게."
 어느 날, 상관인 서익이 이순신에게 부탁했다.

---
*여러 관청의 종8품 벼슬.

"대감, 그건 공평치 못합니다. 아무런 공도 없는 사람을 승진시키면 차례를 기다리는 사람들은 어찌합니까? 저는 법에 어긋나는 일은 절대로 할 수 없습니다."

이순신이 단호하게 거절했다. 그러자 서익은 얼굴을 붉히며 이순신을 노려봤다.

"아니, 감히 내 말을 어기는 건가? 두고 보게. 분명 후회할 날이 올 테니!"

서익은 벌컥 화를 내고는 도포 자락을 휘날리며 나갔다.

얼마 지나지 않아 서익은 자신이 경고한 대로 이순신을 쫓아냈다. 훈련원에 온 지 여덟 달 만이었다. 그런데 서익의 분풀이는 계속되었다. 몇 년 뒤, 이순신이 발포의 수군만호*로 있을 때에는 모함까지 했다. 이순신은 억울한 누명을 쓴 채 또다시 벼슬자리에서 물러나야 했다. 참으로 험난한 벼슬살이였다.

하루는 보다 못한 친구 류성룡이 이순신을 찾아왔다.

"이보게, 순신이.

벼슬자리가 오르막은커녕 자꾸 내리막길이니 어이하면 좋은가!"

류성룡은 뛰어난 재능을 가졌으면서도 제대로 꽃피우지 못하는 이순신이 안타까웠다. 그것은 나라를 위해서도 결코 바람직하지 않았다. 조선이 평화롭고 부강한 나라가 되려면, 심지 곧은 사람들이 한껏 제 능력을 펼쳐야 한다. 자기 욕심만 채우려는 관리들로 넘쳐나면 나라는 머지않아 망하게 된다. 지금도 조정에서는 신하들이 동인과 서인으로 갈라져 자기 잇속만 채우고 있지 않은가.

"달빛이 참 좋지? 내 한 곡조 불 터이니 잠시만 기다리게."

이순신은 태평스레 대나무 피리를 만들었다. 겉으로는 몹시 편안해 보였다. 그러나 무술 연습에 힘 쏟는 듯 칼날은 시퍼렇게 날이 섰고 크고 작은 화살이 한쪽에 수북

---

*각 도의 수군에 배치한 종4품의 무관 벼슬.

했다.

류성룡이 넌지시 이순신에게 말했다.

"이보게, 율곡 대감을 찾아가게. 대감께서 자네를 보고 싶어 하시네."

율곡 이이는 학식이 높고 인품이 뛰어난 학자였다. 또 나라의 인재를 뽑아 벼슬자리를 정해 주는 이조판서였다. 이순신은 류성룡을 말끄러미 바라봤다. 류성룡의 눈빛에 안타까움이 가득 담겨 있었다. 늘 이순신의 버팀목이 되어 주는 고마운 친구 류성룡. 그는 이번에도 이순신을 도우려는 게 분명했다. 하지만 이순신은 고개를 저었다.

"아닐세. 나는 윗사람의 힘을 빌려 벼슬을 얻고 싶지 않네."

"……허허허허, 역시 자네답구먼!"

류성룡이 이순신의 손을 꽉 잡았다. 남에게 기대어 이익을 챙기려는 생각은 눈곱만큼도 없는 이순신. 류성룡은 어려움 속에서도 바윗돌처럼 듬직하고, 대나무처럼 꼿꼿한 친구가 더없이 미더웠다.

이순신이 피리를 불었다. 그의 성품처럼 맑고 청아한

가락이었다. 류성룡도 시를 읊었다. 반딧불이가 별빛과 아우러지고 달빛이 화르르 쏟아지는 여름밤이었다.

얼마 뒤 이순신은 또다시 북쪽 지방을 지키게 되었다. 함경도 조산보의 만호*와 녹둔도의 둔전관**이 된 것이다. 둔전은 군사들이 먹을 농작물을 키우는 땅인데 두만강 하류에 있는 녹둔도는 흙이 기름져 많은 곡식을 거두었다. 그래서 늘 여진족의 위협을 받았다.

이순신은 햇볕이 따갑게 내리쬐는 강 건너편을 바라봤다. 마른 땅 위로 흙먼지가 뽀얗게 피어오르고 바람결에 말발굽 소리도 희미하게 들렸다. 여진족이 들판을 누비는 모양이었다.

'흠, 북쪽의 거친 땅에서 산다는 건 힘겨운 일이지. 그러니 저들이 호시탐탐 녹둔도를 노리는 거야. 하루빨리 대비책을 마련해야겠어.'

이순신은 병사들과 함께 목책***을 세우고 방어에 힘썼

---

*각 도의 여러 진에 배치한 종4품의 무관 벼슬.
**임진왜란 때 둔전의 관리를 위해 파견한 관원.
***울짱. 말뚝 따위를 죽 잇따라 박아 만든 울타리.

다. 그러나 녹둔도는 조산보와 20여 리쯤 떨어져 있어서 수비하기가 곤란했다. 이순신은 상관인 북병사 이일에게 군사를 더 보내 달라고 요청했다. 하지만 이일은 이순신의 보고를 무시했다.

그해 가을, 기어이 일이 터졌다. 녹둔도에 풍년이 들자 여진족이 쳐들어온 것이다.

"적이다. 여진족이 침입했다!"

둥둥둥둥! 북소리가 요란스레 울리고 다급한 말발굽 소리가 녹둔도로 향했다. 그러나 이순신이 도착했을 때에는 적들이 마을을 휩쓸고 간 뒤였다. 집집마다 불길이 치솟고 곡식 창고는 텅 비어 있었다. 다치거나 죽은 백성들이 많았고, 백여 명은 포로로 끌려가고 있었다. 이순신은 빠른 길목으로 달려가 여진족을 기습했다.

"공격하라. 붉은 옷을 입은 자가 대장이다!"

이순신의 명령에 병사들이 활을 쏘며 적에게 달려들었다.

여진족의 기세도 만만치 않았다. 그들의 날랜 공격에 우리 병사들이 하나둘 쓰러졌다. 정신없이 싸우는 사이, 이순신도 왼쪽 허벅지에 화살을 맞았다. 그러나 공격을 멈출 순 없었다. 이순신은 화살을 뚝 부러뜨린 뒤 앞장서서 적들과 싸웠다. 죽음을 두려워하지 않는 우리 병사들의 서슬에 여진족이 점점 밀렸다. 마침내 적장이 쓰러지자, 그들은 허겁지겁 말머리를 돌렸다.

"여진족이 물러났다. 우리가 이겼다!"

적은 물러갔으나 우리 편의 피해도 컸다. 많은 병사들이 다쳤고 포로로 잡혀간 백성들도 있었다. 이순신은 아스라이 멀어져 가는 여진족을 씁쓰레 바라봤다.

"뭣이? 여진족이 녹둔도를 쳐들어왔다고?"

뒤늦게 녹둔도 싸움을 전해 들은 북병사 이일은 가슴이 철렁 내려앉았다. 그는 여진족이 쳐들어오리라고는 전혀 예상하지 못했다. 그래서 이순신의 요청을 무시했던 것이다. 조정에서 내릴 벌이 두려웠던 이일은 모든 책임을 이순신에게 떠넘겼다. 이순신이 수비를 제대로 하지 않았다고 조정에 거짓 보고를 올린 것이다. 이순신은 억울한 누명을 쓰고 옥에 갇혔다.

"이럴 수는 없습니다. 목숨 바쳐 싸웠는데 죄인이라니요!"

처음에 이순신은 강력하게 항의했다. 그러나 포로로 끌려간 백성들을 구하지 못한 죄라는 말에 아무 대꾸도 할 수 없었다. 하지만 함께 싸웠던 병사들은 울분을 토했다.

"조정에 진실을 밝혀 달라고 청하십시오. 포로로 잡힌 백성들을 반이나 구했잖습니까?"

"그만두게. 군관으로서 할 일을 못했으니 내가 책임지겠네."

다행히 이순신의 누명은 곧 밝혀졌다. 그러나 벼슬 없이 전쟁터에 나가 싸우라는 명을 받았다. 이순신의 첫 번째 백의종군이었다. 그렇지만 그 백의종군도 오래 가지 못했다. 다음 해에 이순신은 두만강을 건너가 여진족의 본거지를 습격했다. 그 싸움에서 큰 공을 세워 백의종군의 죄를 벗었다.

이 바다를 지키기 위하여

 1589년 이순신은 전라도 정읍의 현감이 되었다. 마흔다섯에 한 고을을 다스리는 수령이 되었으니 큰 벼슬은 아니었다. 그래도 이순신은 기뻤다. 정읍은 위험한 국경이 아니어서 모처럼 온 가족이 함께 살 수 있었다. 이순신은 아버지가 돌아가시고 두 형마저 세상을 떠난 터라 홀로 집안을 꾸렸다. 늙으신 어머니와 어린 자식들, 조카들까지 합쳐 무려 스물네 명의 대식구였다. 이러한 속사정을 모르는 사람들은 조카들까지 데리고 다니며 벼슬살이를 한다고 수군거렸다. 그럴 때마다 이순신은 단호하게 말했다.
 "조카들도 내 자식이오. 그게 문젯거리라면 벼슬을 그

만두겠소이다."

 이순신의 가족 사랑은 유별났다. 늙으신 어머니가 적적해하면 밤새도록 말벗을 해 드리고, 어머니가 좋아하는 젓갈이라도 들어오면 꼼꼼히 챙겨 밥상에 올리게 했다.

 이순신의 세 아들 회, 열, 면도 아버지를 본받아 훌륭한 무관이 되기 위해 노력했다. 완, 봉, 뇌, 해 등의 조카들도 든든한 울타리가 되어 주는 이순신을 친아버지처럼 따랐다. 무술이 뛰어난 큰조카 완은 늘 이순신 곁에서 군사 일을 거들었고, 작은조카 해는 이순신에게 마음의 휴식을 안겨 주었다. 이순신이 나랏일을 마치고 쉴 때나 골머리 썩는 일로 잠들지 못하면, 해는 다소곳이 피리를 불었다. 그런 날은 유난히 달빛도 고왔다. 이순신은 무릎장단을 치며 시름을 달랬다. 자못 흥에 취할 때에는 시조를 읊조리기도 했다. 이순신은 문무를 두루 갖춘 아들과 조카들이 흐뭇한 자랑거리였다.

 이순신의 이러한 사랑은 고을 백성들에게 이어졌다.

 民惟邦本(민유방본. 백성이 나라의 근본이다.)

 처음 무인이 되고자 결심했을 때부터 이순신은 이 네

글자를 마음 깊이 새겼다. 그래서 한 집안의 가장으로서 든든한 울타리가 되었듯이, 한 고을의 수령으로서 백성들이 편안히 살아가도록 애썼다. 가뭄이나 장마가 들면 관아의 곡식 창고를 열었고 백성들이 억울한 일을 당하면 공정하게 처리해 주었다. 백성들도 그런 이순신을 몹시 존경하고 따랐다. 이웃 마을 태인 백성들은 이순신을 태인 현감이 되게 해 달라고 어사에게 청할 정도였다. 정읍에서의 생활은 평화롭고 단란했다. 이순신은 오랜만에 느긋한 벼슬살이를 누렸다.

그즈음 일본에서는 큰 변화가 일고 있었다. 1590년 도요토미 히데요시가 수십 개의 나라로 나뉘어 있던 일본을 통일했다. 일본의 최고 지배자가 된 그는 새로운 야욕에 사로잡혔다.

"무슨 일이 있어도 명나라와 조선을 차지하리라!"

도요토미 히데요시는 일본 장수들에게 전쟁 준비를 지시했다. 그에게는 잘 훈련된 군사들과 서양에서 들여온 조총이 있었으므로 두려울 게 없었다.

전쟁 소문은 조선까지 들려왔다. 백성들은 불안에 떨었

다. 하지만 전쟁이 일어날 리 없다고 여긴 선조 임금과 조정 대신들은 나라 밖 상황에 크게 관심을 두지 않았다. 류성룡은 조정의 허술한 대비책이 못마땅했다. 그는 뛰어난 장수들을 뽑아 전쟁에 대비하는 수밖에 없다고 생각했다. 그래서 신하들의 반대를 무릅쓰고 선조에게 아뢰었다.

"전하, 이순신은 북쪽 변방에서 오랑캐를 무찔러 큰 공을 세운 장수입니다. 그에게 중책을 맡겨 보옵소서. 결코 기대에 어긋나지 않을 것입니다."

류성룡을 신임하고 있던 선조는 1591년 2월, 이순신을 전라 좌수사로 임명했다. 전라 좌수사는 전라도 여수에서 해남 일대의 고을과 해안을 지키는 최고 책임자였다. 이순신은 임금의 명을 받들어 전라 좌수영*이 있는 여수로 떠났다.

여수는 아름다운 고을이었다. 시원스레 펼쳐진 쪽빛 바다에 점점이 박혀 있는 섬들은 마치 한 폭의 그림 같았다.

'이곳이 내가 있을 곳이구나. 이 바다를 지키기 위해 내

---

*전라도와 경상도의 각 좌도에 둔 수군절도사의 군영.

가 무인이 된 것이로구나!'

여수에 닿자마자 이순신의 머릿속에 야릇한 예감이 스쳐 지나갔다.

이순신은 본격적으로 왜적의 침입에 대비했다. 전라 좌수영의 각 섬과 진지를 돌며 군비 상태를 살피고 수군들을 훈련시켰다. 허물어진 성을 쌓고, 활과 화살을 만들고, 총통도 새로이 마련했다. 그러나 할 일이 산더미 같은데 일은 더뎠다. 더구나 이순신은 바다를 잘 몰랐다. 수군으로는 발포 만호로 2년간 있었을 뿐이었다. 이순신은 어깨가 무거웠다. 낮은 벼슬자리인 만호와 수군의 최고 자리인 수사는 하늘과 땅 차이가 아닌가. 만호는 군사들을 훈련시키고 상사를 거들면 되지만, 수사는 자신이 직접 수군을 지휘해야 한다. 한 치의 실수도 있어서는 안 되었다.

그때 문득 이순신은 발포 만호로 있을 때가 떠올랐다. 처음으로 수군이 된 이순신은 모든 게 신기했으나 무엇을 어

찌해야 할지 몰랐다. 그래서 틈만 나면 바닷가로 나가 변화무쌍한 바다의 움직임을 살폈다. 그러던 어느 날, 바다에서 왁자지껄 자맥질하던 동네 아이들이 이순신에게 다가왔다.

"나리, 왜 날마다 여기에 앉아 계세요?"

"으응, 파도랑 바람을 보고 있단다. 얘들아, 저쪽 물살은 왜 뱅글뱅글 도는 거냐? 바위도 없고 바다가 갈라지는 길목도 아닌데 물살의 흐름이 다르구나."

"저기는 암초가 있어서 물 방향이 바뀌는 거예요. 배도 저쪽으로는 안 다녀요. 물살도 빠르고 암초에 뱃바닥이 긁히거든요."

"그래? 허허, 제법이구나."

"에잇, 그게 뭐 별건가요.

우리는 여기 바다를 다 알아요. 저쪽은 전복이 많이 나고, 저 섬은 사람이 못 살아요. 물이 없거든요."

새까만 차돌멩이 같은 아이들이 주거니 받거니 말을 이었다.

"그렇구나. 얘들아, 앞으로 너희가 내게 바다에 대해 알려 줘라."

그때부터 이순신은 동네 꼬마들과 어울려 다녔다. 꼬마 스승들은 발포 바닷길, 깊고 낮은 물가, 암초가 숨은 곳에 대해 일러주고, 바람과 물결의 미세한 차이까지 알려줬다. 꼬마 스승들은 누룽지로 수업료를 날름날름 받아갔으나 귀에 쏙쏙 들어오게 잘도 가르쳤다. 가끔씩 자신들도 모르는 게 있으면, 그들은 이순신의 손을 잡아끌고 그들의 할아버지나 아버지에게 데려가곤 했다. 평생 바다를 끼고 산 뱃사람들을 통해 이순신은 밀물과 썰물의 변화, 계절 따라 다른 바람의 종류와 파도의 세기, 남해안의 물길에 대해 알게 되었다.

'왜 나 혼자 이 바다를 지킨다고 여겼을까?'

옛 생각에서 깨어난 이순신은 허허 웃었다. 이 바다,

이 땅은 우리 모두의 것이다. 그러니 다 함께 지키면 되는 것이다! 이순신은 크게 심호흡을 했다. 시원한 바닷바람이 훅 몰려왔다.

이순신은 숨은 보물을 찾듯 사람들을 꼼꼼히 살폈다. 좌수영에는 발이 잰 심부름꾼, 물을 잘 긷는 병사, 노를 힘차게 젓는 격군, 고기잡이 천재 어부, 손재주가 뛰어난 궁장, 칼을 잘 벼르는 장인, 무예가 뛰어난 장수 등 재주꾼들이 숱했다. 그뿐인가. 질 좋은 나무를 찾는 데 귀신같은 벌목꾼, 솜씨 좋은 자귀장이, 물길을 훤히 아는 어부, 과학자의 자질을 갖춘 장수들로 가득했다. 그들은 각 분야에서 뛰어난 전문가들이었다.

이순신은 재주꾼들을 불러 모았다. 신분이 높든 낮든 가리지 않았다. 이순신이 먼저 생각을 바꾸고 마음을 여니, 그들도 신분에 상관없이 자신들의 재능을 펼치기 시작했다. 곧 무기 창고에는 궁장들이 만든 활과 불화살로 넘치고, 대장간에는 쇠를 잘 다루는 대장장이들이 만든 총통이 가득 찼다. 또한 배를 만드는 선소에는 질 좋은 소나무가 가득 쌓였다.

이순신의 4대 비밀 병기

 이순신은 사람의 재주를 단박에 알아보는 눈을 가지고 있었다. 그는 곳곳에서 특출한 인재들을 찾아냈다. 그리고 그들과 함께 은밀히 비밀 병기를 만들기 시작했다.
 "남해안은 꼬불꼬불하고 밀물과 썰물의 변화가 심하여 배가 드나들기 힘들더군. 우리 싸움배인 판옥선이 자유로이 누벼야 왜적을 물리칠 텐데 좋은 방법이 없겠는가?"
 어느 날, 이순신은 비밀스레 광양 현감 어영담을 진해루로 불렀다. 어영담은 광양에서 태어나 남쪽 바다 곳곳을 꿰뚫는 물길 전문가이기도 했다.
 "있습니다. 물길 지도를 만드는 것이지요."

"물길 지도? 바다의 길을 표시해 놓은 지도 말인가?"

"예, 그렇습니다. 눈 밝은 어부들을 모아 주십시오. 그들은 한평생 바다에서 산 터라 바닷길을 귀신처럼 압니다. 그들과 함께 지도를 만들면 전쟁에서 잘 쓰일 것입니다."

"좋네. 자네 뜻대로 어부들을 모으게."

어영담은 즉시 어부들과 함께 바다로 나갔다. 그들은 몇 날 며칠씩 바다의 깊이와 물살의 흐름, 밀물과 썰물의 변화 등을 세세히 살피고 기록했다. 비가 내려도 파도가 높아도 쉬지 않고 새로운 바닷길을 개척하고 섬의 위치를 파악했다. 한 지역의 세밀한 지도가 완성되면 좀 더 넓은 지역의 지도를 만들고, 그것이 완성되면 전라도 바다에 도전하고 남쪽 바다까지 마무리했다. 그 작업은 만만치 않았다. 어영담과 어부들은 볼살이 쏙 빠진 깜장 얼굴이 되어 돌아오곤 했다.

"자네들이 애쓰는구먼. 이번에는 며칠 쉬었다 나가게."

이순신이 술과 고기라도 내면 어영담은 고개를 저었다. 그는 함께 고생한 어부들에게나 먹이고 쉬게 한 뒤 밤새도록 이순신에게 물길을 설명했다. 그리고 적합한 전투

지역을 물색하고 작전을 짰다. 그러다 날이 밝으면 툭툭 털고 일어나 다시 바다로 나갔다. 이순신이 붙잡아도 그의 고집을 꺾을 수 없었다. 이러한 고생은 몇 달간 계속되었다.

마침내 고된 바다 여행 끝에 조선 바다의 물길 지도가 완성되었다. 물길 전문가 어영담과 뱃사람들이 만들어 낸 물길 지도! 이것이 이순신의 첫 번째 첨단 비밀 병기였다. 이로써 이순신은 남해안의 물길과 섬을 이용해 바다 싸움에서 단 한 번도 지지 않는 불사신이 될 수 있었다.

이순신의 두 번째 첨단 비밀 병기, 그것은 화약이었다. 이순신은 꼼꼼하고 총명한 이봉수를 무척 아꼈다. 그는 지체 높은 양반집 도령인데도 고된 일을 마다하지 않는 성실한 청년이었다. 게다가 어찌나 꼼꼼한지 그가 만든 봉화대는 대포를 쏘아도 끄떡없을 것 같았다. 봉화대를 쌓을 때 과학적인 원리를 응용해 만들었기 때문이다. 이순신은 이봉수에게 비밀스러운 임무를 맡겼다.

"이 싸움은 화약 전쟁이 될 걸세. 그런데 화약이 턱없이 부족하구먼. 자네가 화약의 비법을 밝혀 만들어 보게.

그러려면 먼저 염초* 만드는 법부터 터득해야 할 거야."

"알겠습니다. 기필코 좋은 화약을 만들어 내겠습니다."

이봉수의 눈빛이 빛났다. 열악한 환경에서 화약을 만드는 것은 죽음을 각오하는 일이었다. 그러나 그의 도전 정신을 막을 수는 없었다.

그즈음 화약 만들기는 최고의 과학 기술이었다. 조선뿐만 아니라 중국, 일본에서도 성능 좋은 화약을 만들지 못했다. 화약을 만들려면 가장 중요한 것이 염초였다. 이봉수는 염초를 얻기 위해 온갖 연구와 실험을 했다. 제대로 된 장비 없이 실험하다 보면, 쾅쾅 화약이 터지곤 했다. 그러나 생명이 위험해도 이봉수는 끈기 있게 연구했다. 마침내 이봉수가 염초의 비밀을 밝혔다. 이로써 이순신은 화약을 충분히 확보했고 전쟁 동안 천자포, 지자포, 현자포**의 총통을 펑펑 쏘아 댈 수 있었다.

"활쏘기는 정신 집중이 기본이다. 사수들은 흔들리는

---

*고려·조선 시대 때 사용하던 화약의 핵심 원료.
**천자포, 지자포, 현자포는 대포처럼 화약의 힘으로 탄환을 내쏘는 대형 무기를 말한다.

배에서도 적을 명중시켜야 한다. 포를 쏘는 포수들도 마찬가지다. 그러니 집중해서 목표물을 겨냥하라!"

"격군들은 무얼 하느냐? 순식간에 배의 방향을 돌려야 한다니까. 힘을 내, 노를 저어!"

이순신의 부하 장수들은 자신이 책임진 배에서 병사들을 훈련시키느라 진땀을 흘렸다.

병사들은 고된 훈련이 힘겨웠다. 그래도 불평 한마디 안 했다.

"조금만 힘내세. 장군께서 우리에게 베푸신 것을 생각해 봐."

"맞아. 천민이나 다름없는 수군을 감싸 주시고 번도 공정하게 세우시잖아."

"군역을 마친 뒤 사람들이 일을 거들면 쌀이든 보리든 품삯을 챙겨 주시더라니까. 전쟁이 터지면 안전한 곳은 없어. 나는 이 바다를 지키기 위해 목숨을 내놓을 거야."

전라 좌도의 함대가 한 몸처럼 움직이려면 훈련 또 훈련밖에 없었다. 사수들은 손이 부르트고, 포수들은 귀가 먹먹하고, 격군들은 팔이 끊어질 듯해서야 하루 훈련이 끝났다. 그러다 보니 활이나 총통을 쏠 줄도 몰랐던 병사들이 놀랍게 변했다. 바다 한가운데서 진을 치고 실전 훈련을 하면서부터는 신호를 알리는 북이나 깃발에 따라 일사분란하게 움직였고, 흔들리는 배 위에서도 목표물을 정확하게 맞혔다. 어느덧 조선 수군은 백발백중을 자랑하는 명사수, 최고의 정예군이 되어 있었다. 죽음을 두려워하지 않는 조선 수군의 용기와 희생정신! 그것이 이순신의 세 번째 비밀 병기였다.

텅텅텅텅! 여수 앞바다의 선소에서는 이른 아침부터 망치질 소리가 경쾌했다. 자귀장이들은 벌써 땀이 나는지 웃통을 벗은 채 나무를 다듬었다. 바닷가 한쪽에는 이미 만들어진 배 한 척이 놓여 있었다. 수군에게 가장 중요한 싸움배인 판옥선, 그것은 무리 없이 준비되고 있었다. 이순신은 흐뭇한 표정으로 작업장을 지켜보다가 옆에 앉은 노인에게 나긋이 물었다.

"자귀장이들의 솜씨가 어떻습니까?"

"좋군요. 나무도 잘 골랐고 이음새도 매끄럽습니다. 왜적이 공격해도 문제없겠습니다."

노인이 말했다. 그는 인자한 얼굴빛이었으나 눈매는 날카로웠다. 저만치 떨어진 판옥선을 보고도 거침없이 대답했다. 그가 바로 판옥선을 개발한 장수 정걸이었다. 여든 살 가까이 된 정걸, 그는 이미 높은 벼슬을 두루 지낸 장수였다. 그런데도 이순신의 능력과 됨됨이를 보고 기꺼

이 이순신의 부하가 되어 돕고 있었다. 조방장*정걸이 말을 이었다.

"하지만 판옥선만으로는 아쉽지요. 적진 깊숙이 파고들어 가 적의 배와 충돌하여 깨부술 수 있는 배, 적진을 흩뜨려 놓고 적군의 가슴을 써늘하게 만들 무시무시한 돌격함, 그런 배도 필요합니다. 빨리 나대용 군관이 설계도를 완성해야 할 텐데요."

"조방장께서 도와주시니 곧 좋은 소식이 올 것입니다."

이순신은 백발이 성성한 정걸을 존경스러운 눈길로 바라봤다.

판옥선은 장점이 많은 배였다. 몸체가 크고 튼튼하여 무거운 화포를 실을 수 있었다. 그래서 왜군이 잘하는 접근전을 피해 먼 거리에서 공격할 수 있었다. 또 배 밑바닥이 평평하여 깊이가 낮은 우리나라 바닷가를 자유로이 드나들고 배의 방향도 빨리 바꿀 수 있었다. 하지만 적군이 판옥선에 옮겨 타면 대책이 없었다. 왜군은 칼싸움을

---

*조방장 : 우두머리 장수를 도와서 적의 침입을 방어하는 장수.

잘했기 때문이다. 이에 이순신은 판옥선의 단점을 보완한 새로운 배를 계획하고 있었다.

얼마 뒤, 이순신과 정걸의 바람대로 나대용이 설계도를 바쳤다. 판옥선에 덮개를 씌워 거북이 모양으로 만든 배, 바로 거북선이었다.

"장군님, 드디어 완성했습니다. 거북선입니다!"

나대용은 흥분한 듯 얼굴이 벌겠다.

배 전문 기술자, 나대용! 그는 세상에서 가장 강하고 날랜 배를 만들겠다는 꿈을 갖고 문인의 길을 포기한 젊은 장수였다.

"이것이 말로만 전해 오던 거북선이군. 덮개가 있어 적에게 노출되지 않고, 곳곳에 대포가 있으니 공격하기 좋고, 앞쪽엔 도깨비 모양의 돌기가 있어 충돌하기 쉽고, 뒤쪽엔 거북 꼬리가 치솟아 적이 덤비지 못하겠어. 아주 멋진 돌격함일세! 그렇지 않습니까?"

이순신이 떨리는 손으로 정걸에게 설계도를 건넸다.

"예. 우리가 원하던 바로 그 배입니다. 등에는 날카로운 쇠못이 잔뜩 박혀 있으니 적들이 건너오지도 못 할 테

고요. 장하네, 나 군관. 정말 장해! 이제 설계도대로 거북선을 만들면 되겠군. 잘해 보게나."

정걸이 나대용의 어깨를 토닥였다.

그날부터 나대용은 밤낮을 잊었다. 거북선 만드는 일은 쉽지 않았다. 쇠도 부족했고, 돛으로 쓸 천도 구하기 어려웠으며 나무를 베어 오기도 힘겨웠다. 그래도 나대용은 실망하지 않았다. 거북선의 재목으로 최고인 느티나무와 녹나무가 있는 곳이라면 벌목꾼들과 함께 달려갔고, 다른 재료들도 수소문해 기어이 찾아냈다. 그의 곁에는 사촌 동생 나치용, 벌목꾼, 자귀장이, 대장장이 같은 부지런한 일꾼들이 있었다. 막동이, 쇠돌이, 김 서방 등으로 막 불리는 숨은 영웅들이었다. 그들과 함께 몇 달을 힘쓰니 어느덧 거북선이 완성되었다.

1592년 4월 12일, 하늘은 맑고 물결은 잔잔했다. 황포 돛을 활짝 편 거북선이 위풍당당하게 물결을 거슬러 왔다. 부시부시한 용머리에, 도깨비 분양의 놀기를 가슴에 단 거북선은 보는 사람들을 무섭게 했다. 게다가 등에는 날카로운 쇠못이 박혀 있고 양 옆에는 대포가 늘어서 있지 않은가.

"와! 대단하다. 천하무적이겠는걸. 어떤 배가 덤벼도 끄떡없겠어."

포구에서 구경하던 백성들은 넋을 잃었다. 병사들은 탄성을 지르고 1년 가까이 배를 만드느라 고생했던 기술자들은 목이 메었다.

"완벽한 거북선이 태어났군. 우리가 해낸 거야!"

이순신이 나대용과 나치용 형제를 덥석 끌어안았다.

둥, 둥, 둥! 북이 울리자 선소 앞바다를 느긋이 돈 거북선은 바다로 방향을 틀었다. 노를 젓는 격군들도, 총포 앞에 대기하고 있던 포수들도 가슴이 벅찼다. 거북선은 파도를 거침없이 가르며 넓은 바다로 나왔다. 그때 나대용이 힘차게 외쳤다.

"대포를 쏘아라!"

펑, 펑, 펑! 거북선에서 지자포와 현자포가 터졌다. 그 포성이 산과 땅을 뒤흔들었다. 화포는 공중으로 날아가 정확하게 무인도에 세워 둔 표적을 명중시켰다.

"성공이다!"

합창이라도 하듯 포구에서 구경하던 백성들과 거북선 안에 있는 수군들이 일제히 외쳤다.

세계 최고의 돌격선, 이순신의 네 번째 비밀 병기가 태어나는 순간이었다.

'왜적들아, 오너라! 이 바다에서 내가 너희를 기다리마!'

이순신의 생각에 맞장구치듯 펑펑펑, 거북선에서 또다시 화포가 터졌다.

바로 그 시간, 도요토미 히데요시가 보낸 왜적 20여 만 명이 개미 떼처럼 조선으로 몰려오고 있었다. 7년간의 끔찍한 전쟁이 시작된 것이다.

피로 물드는 바다

　1592년 4월 13일 아침, 왜선 7백여 척이 붉은 깃발을 나부끼며 부산 앞바다로 몰려왔다. 왜적은 부산진과 동래성을 순식간에 빼앗고 거침없이 한양으로 치달았다. 조선군과 백성들이 대항했으나 그들의 조총을 당할 수 없었다. 조선은 피비린내 나는 전쟁터로 변했다.

　이순신은 이틀 뒤에야 전쟁 소식을 들었다. 그는 전라좌수영에 비상령을 내렸다.

　둥! 둥! 둥!

　전쟁을 알리는 북소리가 울리고 봉화대에 봉홧불이 올랐다. 이순신은 즉시 부산 앞바다로 나아가 왜적과 싸우고 싶었다. 하지만 임금의 명령 없이는 그 누구도 자기 구역을 벗어날 수 없었다. 이순신은 할 수 없이 왜적에 대한 정찰 활동을 강화하고, 바다에 나가 훈련하면서 출전 명령을 기다렸다.

휘몰아 쳐들어오는 왜적을 도저히 막아 낼 수 없소. 적들은 가는 곳마다 승리하니 그 기세가 거칠 것이 없소. 빨리 전선을 몰고 와 도와주시오.

경상도에서 날아오는 소식은 모두 패전뿐이었다. 경상 우수사 원균과 경상 좌수사 박홍은 싸움 한 번 못 하고 무너진 채 이순신의 도움만 바라고 있었다.

남쪽 바다를 지킬 수 있는 것은 이제 전라도 수군밖에 없었다. 이순신은 날마다 부하 장수들을 불러 모았다. 방답 첨사 이순신*, 흥양 현감 배흥립, 녹도 만호 정운 등과 작전을 짜고 싸울 방법과 장소를 약속했다.

---

*충무공 이순신과 동명이인이다.

"장군, 당장 부산으로 가시지요. 나라가 바람 앞의 등불처럼 위태로운데 장수 된 자로서 어찌 자기 구역만 지킵니까?"

"맞습니다. 설령 싸움에서 져도, 이 나라와 백성들에게는 부끄럽지 않아야 합니다."

부하 장수들은 한결같이 죽음을 맹세했다. 이순신은 부하들이 믿음직스러웠다.

전라 좌수사 이순신은 경상도로 가서 경상 우수사 원균을 도와 왜적을 쳐라!

마침내 임금의 출전 명령이 떨어졌다.

이순신은 각 포구의 수군을 모아들이고, 전라 우수사 이억기에게 합동 작전을 벌이자고 공문을 띄웠다. 그런데 전라 우수영*이 있는 해남에서 여수로 오는 바닷길이 멀어서일까. 아니면, 해남 앞바다에 풍랑이 이는 것일까.

---

*전라도와 경상도의 각 우도에 둔 수군절도사의 군영.

이억기의 함대는 좀처럼 오지 않았다.

'우수사가 왜 이렇게 안 오지? 싸움을 두려워하지 않는 용감한 장수인데…….'

이순신은 이억기를 초조하게 기다렸다.

이억기는 서른한 살에 전라 우도 수군의 최고 책임자가 된 천재 무관이었다. 집안도 왕족인 명문가였다. 그러나 그는 집안의 명성에 기대지 않고 스스로 역량을 키운 실력자였다. 또 늘 겸손하고 사리 판단에 냉철했으며 신분에 상관없이 사람의 능력과 재주를 귀히 여기는 벼슬아치였다. 그래서 이순신과 마음이 잘 맞았다.

"장군, 우리끼리 출동하지요. 만약 기회를 놓치면 후회하게 됩니다."

녹도 만호 정운이 툴툴거렸다. 불의를 참지 못하는 그답게 더 이상 왜적이 날뛰는 꼴을 볼 수 없다는 말투였다.

"좋다. 내일 새벽에 출항이다!"

5월 4일 새벽, 첫 나발이 울렸다. 이순신과 85척의 배는 어둠을 뚫고 여수를 떠났다. 경상도 바닷길을 꿰뚫는 어영담이 길잡이였다. 이순신은 새벽안개 자욱한 바다를 물끄러미 보았다. 평화로운 바다가 핏빛으로 얼룩질 것을 생각하니 가슴이 저렸다.

다음 날, 당포 앞바다에 이르렀다. 그런데 만나기로 약속한 원균마저 보이지 않았다. 무슨 일이 벌어진 걸까? 정녕 경상도 수군은 전멸한 것일까? 이순신은 애써 마음을 다독이며 원균을 기다렸다. 이윽고 원균이 나타났다. 그런데 이게 웬일인가? 원균이 이끌고 온 배는 달랑 네 척뿐이었다.

"와 주어서 고맙소. 이제 왜적과 힘껏 싸웁시다."

원균이 쭈뼛거리며 어색한 미소를 지었다.

이순신은 할 말을 잃었다. 겁을 먹은 원균은 왜군과 싸우기는커녕 스스로 경상 우수영과 온갖 무기를 불살라 없애고, 백여 척의 전함도 불태워 바다에 가라앉힌 것이다. 이순신은 원균의 행동에 화가 치밀었다. 하지만 군사들 앞에서 장수끼리 얼굴을 붉힐 순 없었다.

5월 7일 한낮, 이순신 함대가 옥포 앞바다에 다다랐을 때였다. 앞서 가던 척후선에서 불화살이 솟아올랐다. 적을 찾았다는 신호였다.

과연 옥포 바닷가에 적의 배 수십 척이 있고, 왜적들은 뭍에서 노략질을 하고 있었다. 마을은 시뻘건 불길과 매캐한 연기로 가득했다. 왜적들은 이순신 함대를 보자마자 함성을 지르며 잽싸게 배에 올랐다. 이순신 함대가 마치 먹잇감이라도 되는 듯 의기양양했다.

반면, 처음 왜적과 맞닥뜨린 수군들이 술렁였다. 어린 병사들은 두려움에 벌벌 떨고 나이 든 병사들도 얼굴이 하얘졌다. 장수들도 긴장한 듯 얼어 있었다. 왜적과의 첫 싸움! 이 전투는 조선 수군에게 아주 중요했다. 첫 싸움부터 지면 수군의 사기는 땅에 떨어지고, 왜적의 기세는 하늘로 치솟을 것이다. 이순신은 갑판 위로 올라가 천둥처럼 소리쳤다.

"침착하라! 결코 가벼이 움직이지 말고, 큰 산처럼 무겁게 행동하라!"

술렁이던 군사들이 대열을 갖추었다. 이순신은 신호수에게 진군의 깃발을 올리게 했다. 둥둥둥 북소리가 요동쳤다.

"진격하라! 적의 배를 깨뜨려라!"

이순신은 제일 먼저 적진으로 돌격했다. 그 뒤를 방답 첨사 이순신, 신호, 김득광, 배흥립, 정운, 김인영, 김완, 어영담 등의 부하 장수들이 따랐다. 펑, 펑, 펑! 옥포 앞바다에 천둥처럼 화포가 터졌다. 조선 수군은 적의 배를 에워싸고 불화살을 퍼부었다. 왜적들은 조총으로 맞섰으나, 거리가 먼 데다 펑펑 쏘아 대는 화포 앞에 맥을 못 췄다.

"장수들은 힘껏 싸워 본보기를 보여라!"

이순신이 또다시 명령을 내렸다. 그러자 정운, 배흥립, 어영담 등의 선봉 부대가 판옥선을 이끌고 적의 한가운데로 파고들었다. 쿵, 쿵! 판옥선이 적의 배를 들이받자 왜선들은 산산조각이 났다. 그 틈에 조선 수군들은 빗발처럼 불화살을 쏘았다.

잠시 후, 불길에 휩싸인 적의 배들이 바닷속으로 가라앉기 시작했다. 사납고 거칠던 적들도 피 흘리며 쓰러졌다. 그들의 비명 소리가 파도에 부딪쳤다가 스러졌다. 바다는 어느새 붉은 핏물이었다. 깨진 배 조각과 시체들이 물결에 떠밀려 다녔다. 겨우 살아남은 왜적들은 달아나기

바빴다. 조선 수군의 통쾌한 승리였다.

"와, 이겼다! 우리가 왜적을 물리쳤다."

병사들이 함성을 지르며 얼싸안았다. 부하 장수들도 감격하여 눈시울을 붉혔다.

이순신은 흡족했다. 조선 수군을 단 한 명도 잃지 않았고 단 한 척의 배도 부서지지 않았던 것이다. 이 옥포 해전은 바다에서 거둔 첫 승리이면서, 임진왜란이 일어난 뒤 조선이 처음으로 왜적을 물리친 전투였다. 조선 수군은 이제 왜적이 두렵지 않았다!

거북선이여, 바다를 누벼라!

 조선 수군은 바다에서 계속해서 이겼다. 그러나 육지에서는 슬픈 소식만 전해 왔다. 조선 최고의 장군이라 일컫던 신립이 탄금대에서 패했고, 임금은 한양을 떠나 평양으로 피란 가 있었다.
 '왜적들이 더욱 날뛰겠구나. 바닷길을 단단히 지켜 왜적의 허리를 끊는 수밖에 없어. 그리하여 왜적들이 오도 가도 못 하게 하리라.'
 1592년 5월 29일 이순신은 사천으로 향했다. 파르스름한 새벽빛이 쏟아지는 바다 위에 23척의 판옥선과 거북선이 나란히 떠 있었다. 순풍을 안은 쌍돛대는 팽팽하게 부풀었고, 물살을 가르며 나아가는 거북선의 자태는 바닷새처럼 날렵했다. 그리고 불을 내뿜는 용머리와 검은 거적을 두른 겉모양새는 우람한 맹수처럼 보였다. 거북선의 첫 출전이었다.

정탐선의 보고대로 적의 배는 사천에 있었다. 적들이 이순신 함대를 보자마자 조총을 쏘아 댔다. 이순신은 곧장 쳐들어가고 싶었다. 하지만 포구가 좁고 썰물 때라 판옥선이 들어갈 수 없었다. 이순신은 밀물과 썰물의 흐름을 눈여겨본 뒤 전 함대에 명했다.

"뱃머리를 돌려라! 달아나는 척하여 적을 바다로 끌어내어라!"

이순신 함대가 겁먹고 후퇴하는 체하자 왜적들은 기세등등하여 쫓아왔다. 유인책에 걸려든 것이다. 적선이 넓은 바다에 나오자 이순신은 목청 높여 외쳤다.

"뱃머리를 다시 돌려 공격하라! 거북선은 돌격하여 길을 뚫어라!"

조선 수군은 일제히 뱃머리를 돌렸다. 돌격장 이언량과 이기남이 지휘하는 거북선은 득달같이 적진으로 파고들었다. 쿵, 쿵! 거북선이 들이받자 적의 배는 힘없이 부서졌다. 뒤이어 거북선의 용머리와 양쪽 포대에서 화포가 터졌다. 적의 배에 불길이 치솟았다. 깨진 구멍으로는 물이 콸콸 스며들고 적들은 갈팡질팡하며 소리쳤다.

"으악, 도대체 저게 뭐야? 배야, 괴물이야?"

"도깨비 배, 아니 귀신 배! 우리를 잡으러 온 귀신 배가 틀림없어."

왜적들은 거북선을 향하여 조총을 쏘아 댔다. 그러나 거북선은 꿈쩍하지 않았다.

"당장 저 배로 건너가라! 조선군의 목을 베어라."

왜장의 다급한 외침에 왜적들이 다투어 거북선으로 뛰었다. 그러나 이내 비명을 지르며 나동그라졌다. 그들은 미처 몰랐던 것이다. 거북선 등에 날카로운 쇠못이 촘촘히 박혀 있고, 그 쇠못들을 가리기 위해 거적을 덮어 놓았다는 것을. 고통을 이기지 못한 왜적들은 첨벙첨벙 바다로 뛰어들었다.

돌격함 거북선이 적진을 헤집어 놓자 판옥선이 맹공격했다. 피융, 피융! 불화살이 폭죽처럼 적의 배로 쏟아졌다. 펑펑 터지는 대포가 적의 배를 깨뜨렸다. 삽시간에 사천 앞바다는 핏빛 바다, 아우성의 바다로 변했다. 적의 배 13척과 왜적 천여 명은 흔적도 없이 사라졌다. 혼쭐난 나머지 배들은 부리나케 내뺐다.

"거북선 만세! 천하무적 조선 수군 만세!"

군사들은 거북선의 거침없는 활약을 기뻐했다. 천하무적 거북선이 있는 한 결코 적이 두렵지 않았다. 이순신도 거북선이 있어 더욱 듬직했다.

싸움은 쉴 틈 없이 계속됐다. 이순신 함대는 바다 곳곳을 누볐고, 싸울 때마다 백전백승이었다. 반면, 연이어 패배한 왜적은 바다에 얼씬하지 못했다. 그들은 웅포, 안골포 등의 요새에 들어앉아 싸움을 피했다. 겁먹은 짐승처럼 웅크린 채 거북선 얘기만 나와도 파들파들 떨었다.

그제야 전쟁의 판도가 바뀌기 시작했다. 왜적은 식량과 무기를 지원받지 못하고, 전국 곳곳에서 일어난 의병에게 당하자 그 기세가 한풀 꺾였다. 이에 육지와 바다에서 동시에 치려던 도요토미 히데요시의 작전은 어그러졌다. 그는 길길이 날뛰며 명령했다.

"이순신을 없애고 전라도 앞바다를 차지하라!"

일본 수군들이 남쪽 바다에 총집결했다. 그중 일본 장수 와키사카 야스하루는 이순신을 치려고 견내량에 진을 쳤다.

7월 8일, 적의 낌새를 알아챈 이순신은 원균, 이억기와 함께 연합 함대를 꾸렸다.

"우리가 먼저 쳐들어갑시다! 지금 기습하면 우리가 이길 것이오."

모든 장수들과 작전을 짤 때였다. 원균이 성급하게 재촉했다.

"안 되오! 섣불리 움직였다가는 우리가 당하오."

이순신이 원균의 말을 잘랐다.

순간, 원균의 얼굴색이 변했다. 견내량을 포함한 통영 앞바다는 원래 원균의 관할 지역이 아니던가. 원균이 앞장서서 작전을 짜고 이순신과 이억기에게 도움을 받는 게 맞았다. 그러나 원균은 경상 우수영을 지키지 못했다. 자신의 함대 백여 척도 불살라 없앴다. 그런 엄청난 잘못으로 원균은 이순신에게 작전 지휘권을 내준 꼴이 된 것이다.

'사람들은 나를 왜적과 맞서 싸우지 않은 겁쟁이 장수, 자신의 진영을 포기한 장수라고 비웃지. 그래, 나도 그날이 부끄럽고 후회스러워. 그래서 빨리 공을 세우고 체면을 찾고 싶단 말이야.'

원균은 모든 싸움에서 승리하는 이순신이 부러웠다. 이순신을 뛰어넘고 싶었다. 그러나 이순신을 따라잡을 수 없었다. 그는 이순신이 참 미웠다.

원균의 속마음도 모른 채 이순신은 부하들과 쉼 없이 작전을 짰다.

"이곳 견내량은 물길이 좁고 암초가 많아서 판옥선이 움직일 수 없소. 또 패배한 왜적이 육지로 도망가면 우리 백성들은 큰 피해를 입을 것이오."

이순신이 지도를 가리켰다. 모든 부하들의 눈이 물길 지도로 쏠렸다.

"장군의 말이 옳습니다. 그렇다면 어떻게 해야 하겠습니까?"

전라 우수사 이억기가 이순신에게 물었다. 그는 이순신과 같은 지위에 있으면서도, 이순신이 작전을 짜면 기꺼

이 지원하고 도왔다. 이억기는 이순신을 뛰어넘고 자신만 공을 세울 생각은 손톱만큼도 없었다. 그것이 원균과 이억기의 차이였다.

"적을 한산도로 끌어냅시다. 그 사이 두 우수사의 함대는 근처 섬에 숨었다가 새로운 전술을 펼칠 것이오. 바로 학익진이오."

"학익진이라고요? 우리 함대가 학의 날개처럼 펼친 뒤 적을 에워싸 공격하자는 것이군요?"

이억기와 부하 장수들이 적극 찬성했다. 원균도 순순히 따를 수밖에 없었다.

전투가 시작되었다. 어영담이 빠른 배 다섯 척을 이끌고 견내량으로 들어갔다. 이순신 함대는 먼발치에서 조용히 뒤따랐다. 탕, 탕, 탕! 왜적들이 일제히 조총을 쏘았다. 어영담이 왜선의 기세에 눌린 듯 뱃머리를 돌렸다. 이순신도 도망치듯 배를 돌렸다. 그것을 본 왜적들은 정신없이 쫓아왔다. 드디어 적의 배들이 한산도로 나왔다.

"뱃머리를 돌려 학익진을 펼쳐라!"

이순신의 명령에 북소리가 울리고 '학(鶴)'이라고 쓰인 깃발이 올라갔다. 왜적을 향해 뱃머리를 돌린 판옥선들과 섬 뒤쪽에 숨었던 판옥선들이 학의 날개 모양으로 늘어섰다. 그리고 적의 배를 좌우로 에워쌌다. 학익진이었다.

"이크, 함정이다! 조선군이 파 놓은 덫에 걸려들었다. 신속히 빠져나가라!"

왜장은 그제야 사태를 눈치챘지만 배 73척은 포위망에 갇혀 있었다. 왜적들은 앞다투어 뱃머리를 돌렸으나, 조선 수군과 거북선이 점점 포위망을 좁혀 왔다. 왜장 와키사카 야스하루는 이순신의 학익진 전법에 수많은 부하들을 잃고 자신은 간신히 탈출했다.

여수로 돌아온 이순신은 임금에게 장계*를 올렸다. 한산도 해전의 승리를 전하는 그의 붓끝에는 힘이 가득 실려 있었다.

전하, 싸움에서 이긴 소식을 기쁘게 아뢰옵니다.

그동안 장수들과 병사들이 제 몸을 돌보지 않고 싸웠사

---

*왕명을 받고 지방에 나가 있는 신하가 중요한 일을 왕에게 보고하던 일. 또는 그런 문서.

옵니다. 그들을 칭찬하고 상을 내려 주소서. 그런데 조정이 멀리 떨어져 있고 길도 막혀 있는 터라, 전하의 허락을 받으려면 많은 시간이 걸립니다. 그러면 병사들의 사기가 떨어지고 기쁨은 덜할 것입니다. 그러하니 제가 먼저 그들의 공을 정해 상을 주겠나이다. 또 왜적에게 빼앗은 물품 중 옷이나 쌀, 포목같이 대단치 않은 것은 골고루 나눠 주어 그들의 마음을 위로하겠나이다.

부디 허락하여 주소서.

먹빛 구름 같은 슬픔

 임진년은 피로 얼룩진 한 해였다. 조선 땅은 적의 칼날에 찢긴 상처로 성한 곳이 없었다. 고통스럽던 봄과 여름, 가을을 견디니 어느덧 겨울이 왔다. 적에게 힘겨운 계절이 된 것이다. 적들은 조선을 도우러 온 명나라 군사에게 쫓기고 행주산성에서 권율 장군에게 패한 뒤 남쪽으로 철수했다.

 매서운 추위가 휘몰아치자 조선의 기후에 적응하지 못한 그들은 쓰러지기 시작했다. 게다가 무서운 전염병까지 돌았다. 군량미가 떨어져서 흙을 씹어 먹으며 배고픔을 달랬다. 핏물로 범벅된 우물물을 마셔야 했다. 급기야 왜적은 명나라에 협상을 제안했다.

"싸움을 중지하고 화친합시다! 명나라가 조선에서 목숨 바쳐 싸울 필요가 있습니까?"

"좋소. 우리도 빨리 고국으로 돌아가고 싶소이다."

조선을 따돌린 채 명나라와 일본은 협상을 시작했다. 그리고 그 협상은 몇 년간 계속됐다.

'조선의 운명을 놓고 자기들끼리 협상하다니! 다른 나라는 믿을 수 없다. 우리 스스로 이 전쟁을 끝내야 한다.'

이순신은 겨우내 수군을 정비했다. 조선 수군과 왜적은 거제도를 경계로 마주 보고 있었다. 그래서 항상 위험이 도사리고 있었다. 이순신은 1593년 8월 좌수영을 경상도에서 전라도로 오는 중요한 길목인 한산도로 옮겼다.

"장수라면 모름지기 나아가 싸울 때와 들어와 지킬 때를 알아야 한다. 지금은 피 흘려 싸울 때가 아니다. 그러니 군사들을 훈련시켜 큰 싸움에 대비하라."

이순신은 부하 장수들에게 군사를 함부로 움직이지 않게 했다. 그러나 원균은 달랐다. 빨리 공을 세우고 싶었던 그는 조정에 편지를 보내어 이순신을 헐뜯기 시작했다.

얼마 뒤, 이순신은 삼도 수군통제사가 되었다. 경상도·전라도·충청도 수군을 총지휘하게 된 것이다. 이순신은 벼슬이 올랐어도 묵묵히 전쟁 준비만 했다. 망가진 무기를 고치고, 피란 온 백성들에게 논밭을 나눠 주고, 세금으로 곡식을 받아들여 군량미를 채웠다. 물론 이따금 왜적의 웅거지를 공격하기도 했다. 그러나 적들은 소굴 깊숙이 웅크려 있을 뿐 결코 싸우러 나오지 않았다. 이러한 사정을 몰랐던 선조와 조정 대신들은 그저 원균의 이야기만 듣고 이순신이 자만에 빠졌다고 의심했다. 이 의심의 눈길은 서서히 어두운 그림자가 되어 이순신에게 다가오고 있었다.

어느새 3년이 흘렀다. 명나라와 일본 간의 휴전 협상이 깨지자, 도요토미 히데요시는 또다시 조선으로 군사들을 보냈다. 정유재란의 시작이었다.

"조선을 차지하려면 커다란 걸림돌인 이순신부터 없애야 한다. 그를 꼭 없애라!"

도요토미 히데요시의 명령이 떨어지자 왜장 고니시 유키나가가 이순신을 함정에 빠뜨렸다. 그는 원균이 이순신을 질투하고 선조와 조정 대신들이 이순신을 의심한다는 것을 알고 있었다. 그가 조선 조정에 거짓 정보를 흘렸다.

"나는 이 전쟁을 끝내고 싶소. 그런데 내 경쟁 상대인 가토 기요마사는 전쟁을 계속하자고 주장하오. 그의 부대가 1월 12일에 조선으로 올 테니 부디 이순신한테 치라고 하시오."

가토 기요마사는 벌써 부산에 왔는데 선조와 조정 대신들은 이 거짓 정보를 곧이곧대로 믿었다. 선조는 이순신에게 당장 부산 앞바다로 가라고 명령했다. 하지만 이순신은 왜적의 속임수임을 단번에 알아차렸다.

전하, 이것은 적의 속임수입니다. 부산은 왜군의 본거지가 있는 곳이므로, 자칫하면 조선 수군이 큰 위험에 빠질 수 있습니다. 부디 출격 명령을 거두어 주옵소서.

이순신은 선조에게 장계를 올렸다. 그러자 이순신을 시기하던 신하들이 들고 일어났고, 특히 원균이 이순신을 헐뜯었다.

"전하, 저라면 적을 무찌르러 가겠나이다. 이순신은 겁쟁이처럼 목숨 걸고 싸우지 않았고 제 공을 가로챘나이다."

올곧고 고집 셌던 이순신은 또다시 깊은 수렁에 빠졌다. 그는 임금의 명령을 따를 수도 없고 따르지 않을 수도 없었다.

'전하의 명을 어기면 나는 벌을 받는다. 그러나 전하의 명을 따르면 병사들이 목숨을 잃을 게 뻔하다. 그래, 나는 우리 수군을 희생시킬 수 없다!'

이순신은 임금의 뜻을 거역하고 싸우러 나가지 않았다.

"뭣이라? 이순신이 출격하지 않았단 말이더냐? 당장 이순신을 잡아들여라."

선조는 크게 화내며 이순신을 벼슬자리에서 내쫓았다.

1597년 2월 26일, 죄인이 된 이순신은 수레에 실려 한양으로 끌려가게 되었다.

"장군님, 나라에서 어떻게 장군을 벌한단 말입니까?"

"왜적은 누가 막고 우리 수군은 어찌합니까? 장군님, 제발 가지 마십시오."

백성들이 길을 막았다. 그들은 이순신이 탄 수레를 붙잡고 매달렸다.

"나는 꼭 돌아올 걸세. 그러니 이 바다를 잘 지키고 있게."

이순신은 밝은 얼굴로 백성들을 타일렀다. 백성들에게 용기와 희망을 주고 싶었다.

이순신은 감옥에 갇힌 뒤 모진 고문을 당했다. 하지만 죄를 짓지 않았으니 밝힐 죄도 없었다. 그래도 모함을 밝

히는 것은 쉽지 않았다. 친구 류성룡이 이순신을 구하기 위해 애썼지만 헛일이었다. 오히려 그마저 벼슬자리에서 내쫓겼다.

"전하, 전쟁 중에는 장수를 죽이는 게 아닙니다. 이순신이 어명을 어기고 싸우지 않은 데에는 반드시 이유가 있을 것입니다. 그 이유를 들어 보소서."

"전하, 이순신은 왜적이 가장 두려워하는 장수입니다. 그가 없는 바다는 도둑에게 대문을 활짝 열어 주는 꼴입니다."

정탁, 이억기가 상소문을 올렸고 부하 장수들도 한양으로 올라와 호소했다. 백성들과 뜻있는 선비들의 청이 빗발치자 선조는 이순신을 풀어 주었다. 그러나 도원수 권율 밑에서 백의종군하라는 명을 내렸다. 이순신의 두 번째 백의종군이었다.

먹장구름이 짙으면 비가 쏟아지는 법이다. 불행은 연이어 일어났다. 이순신이 권율의 진지가 있는 합천 초계로 내려갈 때였다. 이순신의 어머니가 돌아가셨다는 소식이 날아왔다.

"어머니, 어머니! 이 불효자를 용서하십시오."

이순신은 땅을 치며 통곡했다. 하늘이 노랗고 해조차 캄캄했다. 비통한 마음이 하늘까지 닿은 걸까. 궂은비가 퍼붓듯이 쏟아졌다. 그러나 이순신은 죄인의 몸이었다. 멀리 천 리 밖으로 귀양을 떠나야 했다.

'아, 차라리 나 또한 죽는 게 낫겠구나. 어머니의 장례도 치르지 못하는 이 죄를 어이할꼬! 곡하고 우는 것조차 마음대로 할 수 없으니, 무슨 죄가 있어서 이런 고통을 당한단 말인가! 나 같은 사람은 그 어디에도 없을 것이다. 가슴이 갈가리 찢어지고 서러운 마음에 눈물이 엉겨 피가 되건만, 저 하늘은 어찌 아득하기만 하고 내 사정을 살펴주지 않는가!'

이순신은 어머니의 관에 마지막 인사를 올리고, 북받치는 슬픔을 안은 채 남쪽으로 떠났다.

"잘 가거라. 부디 나라의 치욕을 꼭 씻어야 한다."

살아생전에 어머니는 나라를 지키러 떠나는 이순신에게 몇 번이나 당부했다. 결코 헤어지는 슬픔을 내비치지 않았던 어머니의 목소리가 이순신의 귀양 길을 자박자박 따라왔다.

조선 수군을 지켜라!

이순신은 초계에서 하릴없이 지냈다. 벼슬 없는 병졸이다 보니, 도원수 권율과 함께 작전을 짤 수 없고 전쟁이 어찌 돌아가는지 알 수도 없었다. 그저 무밭을 관리하고 말발굽에 편자를 박는 등 허드렛일을 했다. 어느 날은 활 쏘는 군사들을 멍하니 지켜봤으며, 권율의 부대가 출전하는 싸움에 따라가려다 되돌아오기도 했다. 권율은 이순신을 최고의 장수로 대접해 주었지만 공과 사는 엄연히 달랐다. 그래서 이순신은 병사로서의 낮은 자리를 잊지 않고 매사에 조심했다. 그런 날이면 그는 무심히 흘러가는 구름만 쳐다봤다. 그의 머릿속에는 온통 남쪽 바다가 지도처럼 펼쳐졌다. 하늘에 떠 있는 뭉게구름은 섬이 되었고, 이순신은 그 사이를 누비며 왜적을 물리쳤다.

어느 날이었다. 양반집 종 하나가 거지꼴이 되어 나타났다. 그가 눈물을 뚝뚝 흘리며 권율에게 말했다.

"저는 세남이라고 하는데 수군이 되어 왜적과 싸웠습니다. 도원수 나리, 삼도 수군통제사 원균이 크게 당하셨습니다. 판옥선은 모두 깨지고 거북선도 바닷속으로 사라졌습니다. 이제 조선에 수군은 없습니다."

"그게 무슨 말이냐? 원균이 당하다니? 조선 수군이 없어지다니?"

권율이 다그치자, 종 세남은 덜덜 떨며 말을 이었다.

"7월 4일, 수군통제사께서 모든 함대를 이끌고 왜적의 본거지가 있는 부산까지 나갔습니다. 그런데 적의 함정에 빠져 칠천량에서 몰살당했습니다. 조선 수군의 움직임을 꿰뚫고 길목마다 숨어 있던 왜적에게 우리 병사들은 거의 죽임을 당했고 거북선 세 척도 모두 잃었습니다. 판옥선은 260여 척 중 달랑 12척만 남은 것으로 압니다."

"그럴 리 없다, 그럴 리 없어!"

옆에서 듣고 있던 이순신이 버럭 소리쳤다. 조선 수군이 몰살당하다니, 거북선이 사라지다니! 믿을 수 없었다. 꿈속의 일인 듯싶었다.

'불쌍한 우리 병사들, 나라를 위해 가엾게 죽었구나. 아, 이제 이 나라는 누가 지킨단 말이냐. 전라 우수사 이억기, 충청 수사 최호 등의 아까운 장수들은 또 어이한단 말인가.'

세남의 이야기를 들으며 이순신은 가슴을 쳤다. 백성들이 믿는 것은 오직 수군뿐인데 한 줄기 희망마저 스러져 버렸다.

"이 일을 어쩌면 좋소? 어떻게 해야 할지 도무지 모르겠구려."

권율도 넋이 나간 듯 중얼거렸다.

"제가 가서 수군의 상태를 살펴보겠습니다. 그런 후 대책을 세우는 게 나을 것입니다."

이순신은 눈으로 직접 보고 싶었다. 앉아서 한탄만 할 수는 없었다.

"정말 그리 해 주겠소? 이제 믿을 사람은 그대밖에 없구려."

이순신은 서둘러 길을 떠났다. 권율의 진영이 있는 경상도 합천의 초계에서 수군 임시 진영이 있는 전라도 회령포에 이르는 대장정이었다.

한편, 한양 궁궐에도 칠천량 싸움의 패배 소식이 전해졌다.

"정녕 원균과 조선 수군이 전멸했단 말이더냐? 아, 짐의 잘못이로다. 이제야 조선 수군을 지킬 사람은 이순신뿐임을 알겠노라!"

선조는 크게 후회하며 1597년 8월 3일, 이순신을 삼도수군통제사에 다시 앉혔다.

'그래, 다시 시작하자! 조선 수군을 일으켜 세워야 이 나라를 구할 수 있다.'

이순신은 새롭게 각오를 다졌다. 그리고 구례·곡성·순천·낙안·보성·장흥 등의 고을을 돌며 수군을 모집했다. 왜적이 휩쓸고 간 자리는 참혹했다. 성은 허물어졌고 관아의 창고는 텅 비었으며 쑥대밭처럼 짓밟힌 마을은 잿더

미뿐이었다. 이순신은 피눈물을 흘렸다.

어느 날, 이순신이 곡성과 순천을 지날 때였다. 길바닥을 꽉 메울 정도로 휩쓸려 피란 가던 백성들이 이순신의 말을 부여잡았다.

"장군님, 드디어 돌아오셨군요. 장군께서 오셨으니 이제 우리는 살았습니다."

"자, 우리도 장군님을 따라 왜적을 무찌르러 갑시다!"

가난하고 헐벗을수록 사람들은 서로 의지하고 정을 나누는 걸까? 백성들은 비록 신분이 천하고 가진 것도 없었지만, 이웃을 아끼고 나라를 걱정하는 마음은 신분 높은 양반들 못지않았다. 이순신이 마을을 들러 수군을 모을 때마다 많은 장정들이 따라나섰다. 곡식을 바치는 백성들도 있었고, 이순신이 꾸릴 둔전에서 농사짓겠다는 피란민도 줄을 이었다. 이순신은 그들을 이끌고 남쪽으로 향했다. 옥살이할 때 고문당한 후유증과 수군을 잃은 충격으로 몸과 마음이 힘겨웠지만 쉴 틈이 없었다.

대장정에 오른 지 한 달 만에 이순신은 회령포에 닿았다. 그런데 수군의 상황은 훨씬 심각했다. 용맹스럽던 군

사들은 온데간데없었다. 거북선도 흔적 없이 사라졌으며 판옥선은 겨우 12척뿐이었다. 세남의 말은 거짓이 아니었다. 약 5개월! 그 짧은 시간 동안에 원균은 조선 수군을 깡그리 잃은 것이다.

"장군님, 분합니다! 제대로 싸우지도 못하고 어이없게 당했습니다."

살아남은 병사들이 눈물을 쏟았다. 그들의 얼굴은 두려움과 절망으로 가득했다.

"얼마나 고생했느냐? 걱정 마라, 두려워 마라. 우리는 다시 일어날 것이다."

이순신은 병사들을 다독였다. 그리고 각지로 흩어졌던 옛 부하 장수들을 불러들였다.

그즈음 칠천량 해전에서 승리한 왜적은 기세등등하여 전라도 땅을 짓밟고 있었다. 조선의 곡창 지대인 전라도를 빼앗기면 충청도와 한양은 순식간에 위험에 처할 것이었다. 사태가 심각해지자 선조는 이순신에게 명했다.

"이순신은 바다에서의 싸움을 포기하고 육지에서 싸우라!"

이순신은 눈앞이 아득했다. 비록 조선 수군이 약해졌지만 바닷길을 막아서 왜적의 발목을 잡아야 한다. 그래야 조선이 무너지지 않는다. 그러나 임금의 명령을 어길 수도 없다. 이순신은 또다시 두 갈래 길에 섰다. 임금의 명령을 따르느냐, 따르지 않느냐!

'나는 결단코 바다를 포기할 수 없다. 죽는 한이 있어도 수군을 포기하지 않으리라.'

그날 밤, 이순신은 목숨을 건 편지를 썼다.

전하, 신에게는 아직도 12척의 배가 있사옵니다. 죽을힘을 다해 싸우면 적을 쳐부술 수 있사오니 부디 수군을 없애지 마옵소서. 지난 5, 6년간 왜적이 조선을 집어삼키지 못한 것은 수군이 전라도 앞바다를 지켰기 때문입니다. 그런데 지금 바다를 버리면 왜적은 곧장 서해를 통해 한양까지 치고 올라갈 것입니다. 그리하면 이 나라는 더 큰 위험에 빠집니다.

전하! 저에게 이 바다를 지키게 해 주소서. 비록 전함의 수는 적으나 제가 아직 죽지 않고 살아 있는 한, 적들은 감히 조선을 얕잡아 보지 못할 것입니다.

울돌목에서의 한판 승부

 가을이 깊었다. 건듯 부는 하늬바람에 물결도 차츰 높아지고 있었다. 이순신은 수군을 일으키기 위해 밤낮을 잊었다. 겨울이 오기 전에 서둘러야 했다. 하지만 대장정의 여독도 풀지 못하고 몸을 혹사시키다 보니 그예 탈이 나고 말았다. 이순신은 그만 몸져누웠다. 미음 한 술 넘기지 못했고 열이 끓어올라 사람조차 알아보지 못했다.
 "차가운 기운이 닥쳐오니 격군들이 걱정이로구나."
 그는 밤새 끙끙 앓고 헛소리까지 하면서도 오로지 수군 생각뿐이었다.
 "아버지, 제발 아버지 몸부터 추스르셔요."

"작은 아버지, 제가 피리를 불어 드릴 테니 기운 내세요."

아들과 조카들이 지극정성으로 돌봤다. 해는 은은한 피리 가락으로 이순신의 지친 마음을 달랬다. 그래서일까. 며칠 만에 이순신은 털고 일어났다.

1597년 9월 14일, 벽파진에 진을 치고 있을 때였다. 벽파정 건너편 봉화대에서 연기가 피어올랐다. 적이 나타났다는 신호였다.

"적의 배 2백여 척이 어란포에 들어왔습니다!"

아니나 다를까. 정탐 나갔던 척후병이 헐레벌떡 달려왔다.

'드디어 결전의 날이 왔구나. 좋다, 한번 해보자꾸나.'

이순신은 주먹을 불끈 쥐었다.

이순신은 서둘러 백성들을 뭍으로 피란시켰다. 그런데 백성들이 꼼짝하지 않았다. 그들은 판옥선처럼 꾸민 고깃배를 가리켰다.

"장군님, 저희도 돕겠습니다. 비록 싸울 수는 없지만 적의 눈을 속일 순 있을 겁니다."

이순신은 한마음 한뜻으로 똘똘 뭉치는 백성들이 고마웠다. 이순신은 부하 장수들과 함께 새로이 작전을 짰다.

"적들은 서해를 거쳐 한양으로 갈 것이다. 그렇다면 남해에서 서해로 빠져나가는 가장 빠른 길목은 어디인가?"

"당연히 울돌목입니다. 울돌목은 폭이 좁아 적의 배가 한꺼번에 지날 수 없습니다. 기껏해야 대여섯 척씩 들어올 테니 숫자가 적은 군사로도 싸울 수 있습니다. 게다가 울돌목은 물살의 방향도 하루에 네 번씩 순식간에 바뀝니다. 그것을 활용하면 이길 희망이 있습니다. 우리에겐 아주 훌륭한 싸움터입니다."

바닷길에 훤해진 부하 장수들이 입을 모아 말했다.

울돌목(명량 해협)은 육지와 육지 사이에 낀 좁은 바다였다. 그래서 물살이 거셌고 물 흘러가는 소리가 마치 흐느껴 우는 것 같았다. 자연스레 이름이 '우는 바다'라는 뜻의 울돌목, 명량(鳴梁)이 되었다.

다음 날, 밤하늘에 보름달이 휘영청 떴다. 새하얀 달빛이 13척의 배로 쏟아졌다. 그 배들은 백성들이 가져온 배 한 척을 합하여 얻은 이순신의 소중한 함대였다. 이순신은 장수들을 불러 모아 엄히 일렀다.

"이 싸움은 결코 쉽지 않을 것이다. 그러나 병법에 이르기를 죽기를 각오하고 싸우면 살 것이고, 살고자 하면 죽을 것이라고 했다. 또 한 사람이 길목을 잘 지키면 천 명의 적도 두렵게 한다고 했다. 그러니 물러서지 말고 끝까지 싸워라! 우리는 분명히 승리할 것이다."

타오르는 붉은 횃불이 이순신의 비장한 얼굴을 비추었다.

9월 16일 새벽, 이순신과 13척의 배는 울돌목을 마주하고 섰다. 그 뒤에는 싸움배처럼 꾸민 고깃배들을 세웠다. 그러자 실제로 싸울 수 있는 배는 13척뿐이었으나, 멀리서 보면 수십 척의 판옥선처럼 보였다. 물살이 거셌다. 배들은 제자리를 지키기가 무척 힘겨웠다. 하지만 격군들은 배가 뒤로 밀리지 않도록 온 힘을 다하여 노를 저었다.

이윽고 맞은편에 적의 배가 나타났다. 모두 133척으로 그 끝이 보이지 않았다. 왜적들은 조선 수군을 보자, 함성을 지르며 몰려왔다. 바닷물의 흐름까지 자신들 편이니 기뻐 날뛰었다. 그것을 본 조선 수군들은 얼굴빛이 하얘졌다. 13척과 133척의 싸움! 싸우나마나 승패는 뻔했다.

"겁먹지 마라! 앞으로 나아가 공격하라!"

이순신은 화포를 퍼부으며 적진으로 나아갔다. 하지만 곧 적의 배에게 에워싸였다. 그런데 이게 웬일인가. 이순신의 대장선이 홀로 싸우는데도 여러 배들은 바라만 보고 있었다. 이순신은 즉시 호각을 불고 초요기*를 세웠다. 그러자 거제 현령 안위와 미조항 첨사 김응함의 배가 달려왔다. 이순신은 그들을 호되게 꾸짖었다.

"안위야, 네가 정녕 군법에 죽고 싶으냐? 물러나 도망가면 어디 가서 살 것 같으냐? 김응함, 너는 대장을 지켜야 할 중군인데도 멀리 도망가 대장을 구하지 않으니 그 죄를 어찌할 것이냐? 당장 네 목을 치고 싶지만 적을 무찔러 공을 세울 기회를 주겠노라!"

그러자 둘은 적진으로 돌격했고 다른 배들도 달려왔다.

조선 수군과 왜군의 싸움은 치열했다. 나라의 운명을

---

*조선 시대에 행군할 때 대장이 장수들을 부르고 지휘하는 데 쓰던 신호용 군기.

건 싸움, 조선 수군의 부활이 담긴 한판 승부였다. 그때 붉은 옷을 입은 왜장이 바다로 떨어졌다. 이순신은 왜장을 끌어올린 뒤 목을 베어 뱃머리에 높이 걸었다.

"왜장이 죽었다. 우리가 왜장을 없앴다!"

조선 수군들이 기뻐 소리쳤다.

때마침 울돌목의 물살이 바뀌기 시작했다. 물살의 흐름과 함께 전세도 완전히 뒤집혔다. 장수를 잃고 사기가 꺾여 있던 왜적들이 허둥거렸다.

"바다도 우리 편이다! 모두 힘내어 일제히 공격하라!"

이순신의 명령이 떨어지자, 조선 수군은 물살을 타고 나아가며 화포와 화살을 날렸다.

파도에 휩쓸린 왜선들은 서로 부딪쳐 깨지거나 뒤집혔다. 좁은 울돌목을 먼저 빠져나가려다 뒤엉켰다. 그들은 조선 수군의 공격을 피하지도 못하고 앞으로 나아가지도 못한 채 물속으로 가라앉았다. 적선 31척이 한순간에 부서졌고 남은 왜적들은 황급히 달아났다.

"장하다, 병사들아! 이 명량 해전의 승리는 너희의 용기로 이루어 낸 것이다. 장하다, 백성들이여! 그대들의

희생으로 승리를 얻었소."

이순신이 감격스레 외쳤다. 병사들은 서로 부둥켜안았고 백성들도 환호성을 질렀다.

단 13척의 배로 133척의 배를 물리친

기적 같은 전투! 이 명량 대첩으로 인하여 조선 수군은 당당히 부활하였다.

봄꿈 가득한 겨울 바다에서

바람은 약하고 물결은 잔잔했다. 배를 움직이기에 아주 좋은 날이었다. 이순신은 진영으로 돌아가지 않고 뱃머리를 서해로 돌렸다.

"장군, 병사들을 쉬게 해야 하지 않겠습니까?"

부하 장수들이 의아한 표정을 짓자 이순신은 씨익 웃으며 대답했다.

"이대로 돌아가기엔 우리의 승리가 아깝지 않은가? 수군들의 위용을 좀 보여 줘야지!"

하루가 지났어도 울돌목 싸움의 열기는 식지 않았다. 승리의 감동이 물결처럼 넘실거렸다. 출렁이는 파도를 타고 바다를 헤쳐 나가는 13척의 배도 거침없었다. 병사들도, 배들도 두둥실 구름처럼 달떠 있었다. 막 13척의 배가 갯마을 포구로 들어설 때였다.

"이순신 장군님, 만세! 장하다, 우리 수군!"

피란선 3백여 척이 이순신 함대를 호위하듯 에워쌌다. 명량 대첩 소식이 바람처럼 빠르게 전해진 것이다. 백성들의 환호성이 가을 새 노래처럼 밝았다.

이순신은 눈시울이 붉어졌다. 목숨을 걸고 싸우는 것은 바로 이 땅과 백성들을 지키기 위해서이다. 그러한 이순신의 마음과 애씀을 백성들은 오롯이 알고 환대해 주지 않는가. 이순신은 뿌듯했다. 병사들도 뱃머리로 몰려나와 "우리가 이겼소. 왜놈들을 모조리 없앴소!" 하며 함성을 질러 댔다. 어느 수군의 눈가에는 하염없이 눈물이 흘렀다. 그들은 그제야 긴장이 풀렸고 안도의 한숨이 흘러나왔다.

사실 지난밤을 생각하면 아찔했다. 까딱 잘못했다간 한순간에 번갯불처럼 스러질 생명줄이 아니었던가. 하지만 악몽은 끝났다. 13척의 배로 조선 수군은 버텼고 이겼다!

이순신 함대는 서해 바닷가를 20여 일 동안 돌았다. 섬

마을을 들를 때마다 조선 수군의 사기는 드높아졌으며, 백성들의 가슴에는 희망의 불씨가 자리 잡았다. 이순신은 서해를 돌며 꼼꼼히 살폈다. 머지않아 겨울이 오면 전쟁은 일시 중단될 것이다. 조선 수군은 겨울을 날 안전한 장소가 필요했다. 아직 조선 수군은 턱없이 약했으므로 적이 덤비지 못할 곳에서 힘을 키워야 했기 때문이다. 이순신은 마음이 바빴다. 그런데 이상하게 몸이 따라 주지 않았다. 밤마다 꿈자리가 뒤숭숭하고 막내아들 면의 얼굴이 보였다. 불길했다.

"초저녁 달빛이 비단결처럼 곱구나!"

어느 날, 이순신이 봉창에 앉아 있을 때였다. 심부름꾼이 둘째 아들 열의 편지를 전해 주었다. 순간, 이순신은 가슴이 철렁 내려앉았다. 봉투를 뜯기도 전에 뼈와 살이 떨렸다.

아버님, 막내 면이 세상을 떠났습니다.

아, 하늘은 어찌 이리도 잔인하단 말이냐! 이순신은 간이 타고 찢어지는 듯했다. 열의 눈물로 얼룩진 편지에는,

명량 해전에서 패한 왜적이 이순신에게 보복하기 위해 아산으로 쳐들어왔다는 내용이 적혀 있었다. 그때 왜적들은 맞서 싸우는 면을 칼로 찔러 죽인 것이다.

"아들아, 내 사랑하는 아들아! 내가 죽고 네가 사는 것이 이치에 맞거늘, 네가 죽고 내가 사니 이런 일이 어디 있단 말이냐. 아들아, 나를 버리고 어디로 갔느냐? 남달리 영특하여 하늘이 데려간 것이냐? 내 지은 죄가 네 몸에 미친 것이더냐? 온 천지가 어둡고 태양도 빛을 잃는구나."

이순신은 풀썩 무릎을 꿇었다. 차라리 꿈이었으면, 잘못 전달된 편지였으면 얼마나 좋을까.

"장군님, 어인 일이십니까? 괜찮으십니까?"

부하 장수들이 달려와 문을 두드렸다. 벌써 소식을 듣고 흐느끼는 장수도 있었다.

"괜찮네. 물러들 가게."

이순신은 간신히 내뱉었다. 부하들에게 나약한 모습을 보일 순 없었다. 부하들도 목숨을 내놓고 싸우지 않는가. 부모와 자식을 잃은 사람도 숱하지 않은가. 이제 막 병사들이 용기를 얻었는데 그들의 사기를 떨어뜨릴 수는 없었나. 이순신은 눈물을 삼켰다.

사흘 뒤였다. 무심히 바닷가를 거닐던 이순신은 발걸음을 멈췄다. 저만치에서 병사들이 훈련하고 있었다. 그런데 앳된 병사들이 마치 막내아들처럼 보였다. 이순신은 휙 발길을 돌렸다. 참아라! 겉으로 내색하지 마라! 이순신은 자신을 채찍질했다. 그러나 도무지 참을 수 없었다. 지금껏 마음 놓고 울어 보지도 못했잖은가. 마침 소금 굽는 강막지의 집이 보였다. 이순신은 성큼성큼 그곳으로 들어갔다.

"흠흠! 강 서방, 게 있는가?"

이순신은 목소리를 가다듬으며 강막지를 불렀다. 아무런 대답이 없었다.

토방에는 커다란 가마솥이 늘어서 있고 그 속에서 소금물이 펄펄 끓고 있었다. 강막지는 아마도 소금 만들 바닷물을 뜨러 간 듯했다. 이순신은 구석방으로 들어가 참았던 슬픔을 눈물로 쏟아 냈다.

"아들아, 너 없는 세상이 참으로 힘겹구나. 나는 이제 누구를 의지하고 산단 말이냐! 내 차라리 너를 따라 죽어 지하에서 같이 지내고 싶구나. 내가 너를 대신하여 갈 수만 있다면, 갈 수만 있다면……. 아! 내 아들, 사랑하는 내 자식아. 이 나라, 이 땅을 버릴 수 없어 아직은 참는다마는 이미 내 마음은 죽고 텅 빈 껍데기뿐이다. 면아, 내 막내아들아! 참으로 보고 싶다. 네 얼굴을 한 번만이라도 만져 보고 싶구나."

이순신은 주먹으로 가슴을 쳤다. 답답하여 견딜 수 없었다. 이 전쟁은 무엇 때문에 한단 말인가. 자식의 목숨도 지켜 주지 못하는 이 고통을 언제까지 당한단 말

인가. 그 순간, 이순신의 눈빛에 노기가 서렸다.

"어린 목숨까지 앗아 가는 지독한 놈들! 너희를 용서치 않으리라. 면아, 이 슬픔은 너를 마지막으로 끝내마. 이 지긋지긋한 전쟁을 더 이상 끌지 않으마."

붉은 핏방울이 툭 방바닥에 떨어졌다. 뭉클한 코피가 한 바가지나 쏟아졌다.

어느새 겨울바람이 거셌다. 거친 파도는 을씨년스레 뱃전을 두드렸다. 이순신은 추위에 떨 병사들을 생각하니 마음을 걷잡을 수 없었다.

"하루빨리 보화도로 떠나세. 그곳은 다른 섬과 육지로 둘러싸여 있어서 배를 감추기에도 좋고 겨울 추위를 막기에도 제격이더군."

겨울빛이 완연한 날, 이순신은 배를 띄웠다. 조선 수군은 겨울새가 둥지를 틀 듯 보화도에 진영을 세웠다.

곧 보화도가 들썩였다. 통통통통, 탕탕탕탕! 목수들의 망치질 소리, 자귀장이들의 대패질 소리, 장수들이 활 쏘는 소리, 훈련받는 병사들의 기합 소리로 왁자지껄했다. 이순신은 소금을 구워 군량미를 마련하고 철과 구리 등의 군사 물품도 샀다. 그것으로도 돈이 부족하자 '해로통행첩' 제도를 만들어 시행했다. 조선 수군이 배를 타고 다니는 피란민의 안전을 지켜 주는 대신 곡물로 통행세를 받았던 것이다.

"이보게, 백성들이 불만을 터뜨리지는 않던가?"

이순신은 백성들한테 통행세를 거두는 것이 몹시 걱정스러웠다.

"웬걸요. 백성들은 오히려 자유로이 다닐 수 있다며 기뻐합니다. 어떤 사람은 스스로 와서 통행세를 두 배나 내기도 합니다."

이순신은 흐뭇했다. 보리 반쪽, 쌀 한 톨이라도 나누려는 백성들 덕분에 많은 곡식을 거두었다. 이것으로 이순신은 겨울 식량뿐만 아니라 군사 물품까지 충분히 마련할 수 있었다.

한 해가 저물고 있었다. 눈보라 치는 마지막 그믐밤! 이순신은 찬바람을 맞으며 뱃전에 섰다.

'꽃비 나리는 봄이면 조선 수군은 거듭날 것이다. 그러면 전쟁도 머지않아 끝난다. 온 백성이 덩실덩실 춤출 날

봄꿈 가득한 겨울 바다에서

이 머지않았다. 기다려라, 왜적들이여! 내가 곧 가마.'

봄꿈 가득한 겨울 바다에서 이순신은 조선 수군의 위풍당당한 자태를 그려 보았다.

마침내 1598년 꽃망울이 터지는 봄날, 이순신의 목소리가 쩌렁쩌렁 울렸다.

"돛을 올려라! 모든 함대는 남쪽으로 향해라."

첫 나발이 힘차게 울리며 53척의 판옥선과 8천여 명의 조선 수군은 보화도를 떠났다.

별, 스러지다

"조선에 있는 군사들은 모두 철수하라!"

1598년 8월 도요토미 히데요시가 마지막 유언을 남기고 숨을 거두었다.

남해안 일대의 왜성에 웅크리고 있던 왜적들은 서둘러 일본으로 돌아갈 준비를 했다.

'7년 동안 우리 땅을 피로 물들이고 돌아간다고? 어림 없다! 내가 있는 한 네놈들 맘대로 가진 못하리라, 절대로!'

이순신은 부르르 몸을 떨었다.

지난봄에 이순신은 넓은 농토가 있는 고금도로 진을 옮

졌다. 그리고 명나라 수군과 함께 싸울 태세를 갖추고 있었다. 이순신은 명나라 수군 장수 진린과 군사 작전을 의논했다.

"진 장군, 11월 10일쯤에 순천 왜교에 있는 적들이 철수한다고 합니다."

"그렇다면 적들이 도망갈 길을 미리 막읍시다. 내 힘껏 돕겠소."

진린이 적극 나섰다. 진린은 성질이 불같고 뇌물에 약한 사람이었다. 그러나 모든 일에 공명정대한 이순신을 무척 존경하고 있었다. 곧 조선과 명나라 연합군이 결성되었다.

조·명 연합군이 왜교 앞바다를 막자 왜장 고니시 유키나가의 군대는 꼼짝없이 갇히게 되었다. 다급해진 고니시는 탈출하기 위해 고민하다가 한 가지 꾀를 냈다.

진린 장군, 전쟁도 끝나는데 명나라 군사들이 조선에서 싸울 필요가 있습니까? 우리는 순순히 돌아가겠으니, 장군께서는 우리가 남기는 무기와 전리품을 모두 가져가십시오. 그러면 큰 공을 인정받을 것입니다. 제발 배 한 척만이라도 통과시켜 주십시오.

 고니시는 진린에게 비밀 편지 한 통과 함께 뇌물을 듬뿍 바쳤다.
 진린은 흐뭇했다. 피 한 방울 흘리지 않고 큰 공을 세우게 되지 않았는가. 빨리 명나라로 돌아가고 싶었던 진린은 고니시의 부탁을 들어주었다. 그런데 그 배는 다른 왜군에게 구원을 요청하러 가는 통신선이었다.
 "왜선 한 척이 빠져나갔단 말이냐! 진린 장군이 내보냈다고?"
 뒤늦게 사실을 안 이순신은 어이가 없었다. 하지만 이미 엎질러진 물, 진린을 탓해 봐야 소용없었다. 이순신은 급히 부하 장수들을 불러들였다.
 "남해에 있는 적들이 몰려올 것이다. 틀림없이 노량 해협으로 올 것이니 경상 우수사 이순신은 단단히 지켜라. 또한 만일을 대비하여 나머지 장수들은 미조목에 숨어라."
 1598년 11월 18일 저녁, 예상대로 적선이 노량 앞바다에 몰려왔다. 적의 배는 무려 5백 여 척은 돼 보였다. 60

여 척의 이순신 함대와 자신의 실수를 깨닫고 달려온 진린의 함대 140여 척을 합쳐도 두 배가 훨씬 넘었다. 조선 수군과 왜적은 공격 기회를 엿보며 대치했다.

밤이 깊어지자, 이순신은 갑판으로 올라가 향을 피우고 간절히 기도를 올렸다.

"하늘이시여, 왜적을 무찌르게 도와주소서. 저 원수들을 없앨 수 있다면 저는 지금 죽어도 한이 없나이다."

서릿발처럼 날선 목소리가 어둠 깊은 밤바다로 퍼졌다.

둥! 둥! 둥!

새벽 무렵, 북이 울림과 동시에 화포 터지는 소리가 노량 앞바다를 흔들었다. 불화살이 어둠을 가르며 쏟아지고 왜적의 조총도 쉼 없이 날아왔다. 성난 짐승들처럼 조선 수군과 왜적은 엉겨 붙었다. 왜적을 한 명도 살려 보내지 않으려는 조선 수군과 왜장 고니시를 구출하여 고국으로 돌아가려는 왜적들은 한 치의 물러섬이 없었다. 하지만 이순신은 불패의 장수였다.

얼마쯤 지났을까. 적들의 배에서 검붉은 연기가 뿜어져 나왔다. 수많은 적의 배들은 눈 깜짝할 사이에 깨지고 부서지고 물에 가라앉았다. 그것을 본 적들은 화들짝 놀라 관음포로 꽁무니를 내뺐다. 그런데 관음포는 막다른 곳이었다. 포구에 갇힌 왜적들은 빠져나오려고 발버둥 쳤다.

"명나라 군사들은 모두 공격하라!"

명나라 부총병 등자룡은 왜적이 오도 가도 못 하자 승리의 기분에 한껏 취했다. 그러고는 섣불리 적을 공격했다. 그러나 왜적은 만만한 상대가 아니었다. 부총병 등자룡은 그만 역습을 당했다. 이순신이 재빨리 달려갔으나 불길에 휩싸인 그의 배를 구할 수는 없었다.

"이 싸움은 조선과 왜적의 마지막 대결이오!"

이순신은 명나라 수군과 진린을 안전한 뒤쪽으로 내보냈다.

또다시 새벽하늘에 화포와 불화살이 어지러이 날았다. 부상당한 군사들의 비명 소리, 배가 부서지는 소리, 불길에 타 들어가는 소리들이 겨울바람 속에서 윙윙거렸다.

"이제 적의 패배가 머지않았다! 병사들은 힘을 내라!"

동쪽 하늘에 아침 해가 떠오를 쯤 이순신은 직접 북을 치며 병사들에게 힘을 북돋우고 있었다. 그때였다. 어디

선가 총탄 한 알이 날아와 이순신의 왼쪽 가슴에 박혔다.

"윽!"

짧은 비명과 함께 이순신이 쓰러졌다.

"아버지!"

곁에 있던 맏아들 회와 조카 완이 달려와 이순신을 끌어안았다.

"방패로…… 내 몸을 가려라!"

이순신이 다급하게 일렀다. 만약 이순신이 다친 것을 조선 수군이 알면 그들은 분명 싸울 힘을 잃을 것이다. 반면에 왜군의 기세는 크게 솟구칠 것이다. 도망치려는 왜군에게 다시 싸울 기회를 주어서는 안 된다. 이순신은 숨을 길게 내쉬었다. 그는 알 수 있었다. 다시는 일어나지 못하리라는 것을!

'햇살이 참 곱구나. 이제 우리 조선에도 아침 햇살 같은 평화가 찾아올 것이다.'

이순신은 살포시 미소 지으며 햇빛에 찰랑이는 바다를 보았다. 바다 위로 부하들이 환하게 웃으며 다가왔다. 전라 우수사 이억기, 광양 현감 어영담, 녹도 만호 정운 등

의 부하 장수들과 수군들, 노를 젓던 격군부터 물 긷던 병사와 백성들까지. 모두 낯익고 정겨운 얼굴이었다. 게다가 웬일인지 이순신을 괴롭혔던 원균도 반가이 다가왔다.

'아깝고 소중한 내 사람들……'

이순신은 방시레 웃으며 그들에게 다가갔다. 그러자 막내 아들 면이 무리에서 폴짝 뛰어나왔다. 면이 장난기 어린 얼굴로 이순신의 손을 잡아 따스한 다른 손에 얹어 주었다. 그것은 늙으신 어머니의 손이었다. "어머니!" 하고 이순신이 꿈결처럼 부르자, 얼굴빛 고운 어머니가 꼭 안아 주었다.

이순신은 흐뭇했다. 차가운 겨울 바다였지만 따스하고 포근했다. 이순신의 촉촉한 눈에 멀리 수평선 너머로 사라지는 적의 배들이 희뿌옇게 보였다.

"이제 눈을 감아도 되겠구나."

이순신은 가쁜 숨을 몰아쉬며 마지막 말을 남겼다.

"지금은…… 싸움이 한창이다. 내가 죽었다는 말을 하지 마라……."

전투는 계속되었다. 북소리는 멈추지 않았고, 싸움은

막바지로 치달았다. 회와 완은 흐르는 눈물을 참으며 깃발을 흔들었다. 지금은 적을 없애는 게 먼저였다. 가족을 잃은 슬픔은 승리가 있은 후의 몫이었다. 둘은 고통을 꾹꾹 눌러 참으며 만장*을 휘날리듯, 요령을 흔들 듯 온 힘을 모아 깃발을 흔들고 북을 쳤다. 그것이 조선의 위대한 장수에게 바치는 마지막 진혼곡이었다.

정오 무렵에야 싸움은 끝 났다. 목숨을 건진 왜선 50여 척만 필사적으로 달아났다.

"왜적이 물러갔다!"

"이제 전쟁이 끝났다!"

바다 한가운데로 불꽃놀이처럼 축포가 팡팡 터졌다. 노량 해전도 이순신의 완벽한 승리였다. 그러나 잠시 후 조선 수군의 기쁜 함성은 슬픈 통곡으로 바뀌었다.

"장군님, 제발 눈 좀 뜨십시오!"

"장군, 가시면 안 됩니다. 저희를 남겨 두고 어디로 가신단 말입니까?"

---

*죽은 이를 슬퍼하여 지은 글. 또는 그 글을 비단이나 종이에 적어 기처럼 만든 것.

수군들은 넋이 빠져 주저앉았다.

"장군, 어인 일이오! 나와 함께 축배를 들어야지요. 얼른 일어나시구려."

명나라 장수 진린도 이순신을 부여잡고 울음을 쏟았다.

이순신은 그들에게 인자한 아비였고, 생명을 지켜 주는 수호자였으며, 자신의 길을 묵묵히 가는 법을 일깨워 준 스승이었다. 조선 땅 그 어느 누가 미천한 백성들을 위하여 목숨을 내던졌던가. 이순신의 사랑과 보살핌을 받지 않은 병사가 어디 있었던가. 이순신은 물 긷는 병사들의 수고를 덜어 주기 위하여 부엌까지 물길을 끌어다 준 사람이었다. 추위에 떠는 격군들에게 자신의 옷을 내 준 장수였다. 한가위가 되면 송편을 빚고, 동지가 되면 팥죽을 쑤어 잔치를 벌이던 사람이었다. 장수에서부터 병사에 이르기까지 재주 있는 사람들은 가려내어 그들의 재능을 활짝 펼치게 해 준 사람이었다, 이순신은!

바닷바람이 몰아쳤다. 파도가 굽이치며 출렁였다. 이순신을 태운 배는 천천히 노량 앞바다를 떠났다.

어느새 초저녁 겨울 달이 떠올랐다. 조카 해가 피리를

불기 시작했다. 달빛 밝은 날이면 이순신이 수루에 앉아 밤 깊도록 즐겨 듣던 가락이었다. 군관 나대용이 눈을 지그시 감고 시조창을 읊었다. 그것은 이순신이 한산 섬에서 지었던 시였다.

한산 섬 달 밝은 밤에 수루에 홀로 앉아
큰 칼 옆에 차고 깊이 시름 하던 차에
어디서 들려오는 피리 소리는 남의 애를 끊나니.

그날, 이순신의 죽음과 함께 참혹했던 임진왜란도 끝이 났다.

역사인물 돋보기

이순신 (1545~1598)

늠름한 기상과 지혜로 임진왜란을
승리로 이끈 이순신은
어떤 시대에 살았으며, 그를 성웅으로
거듭나게 한 사람들은 누구였을까?
백전백승의 명장 이순신의 삶을
좀 더 구석구석 살펴보자!

1. 이순신은 어떤 시대에 살았을까?

십만양병설을 무시하다

1583년 조선을 대표하는 유학자이자 정치가인 율곡 이이가 나라를 지킬 군사 10만 명을 길러 왜군의 침략에 대비해야 한다고 주장했으나 받아들여지지 않았습니다. 그로부터 얼마 뒤 일본을 통일한 도요토미 히데요시가 대륙을 정벌할 야욕을 품고 조선에 명나라로 갈 길을 내어 달라고 요구했습니다. 조선이 이를 거부하자, 일본은 이것을 핑계로 1592년에 20만 명이 넘는 군사를 이끌고 조선을 침략했습니다.

이순신을 기리기 위해 충청남도 아산시에 세운 '현충사'(아산 현충사 제공)

임진왜란이 일어나다

임진왜란은 1592년 4월, 왜군이 부산 앞바다에 침략하면서 시작되었습니다. 전쟁에 대비하지 못한 조선 군대는 거듭 패했고 왜군은 한 달도 안 돼 도성 한양을 점령했습니다. 이순신은 1593년 삼도 수군통제사로 임명되어 조선의 바다를 지켰습니다. 그 덕분에 전세가 역전되어 1598년 기나긴 임진왜란이 끝났습니다.

이순신 영정(아산 현충사 제공)

전쟁이 지나간 자리

7년에 걸친 긴 전쟁으로 조선 땅은 폐허가 되었습니다. 경복궁, 불국사 등이 불에 타고 귀중한 문화재들을 도난당했습니다. 또한 많은 백성들이 희생되고 더러는 일본으로 끌려갔습니다. 일본 역시 국력을 소진하고 패전의 고통에 시달렸으나, 조선인 포로들이 가져간 도자 기술과 성리학 등을 받아들여 문화를 크게 발전시켰습니다.

2. 쏙쏙! 키워드 지식 사전

거북선(귀선도)

거북선 그림(아산 현충사 제공)

임진왜란 당시 나대용과 이순신이 만든 전투함입니다. 두 개의 층으로 되어 있어 1층에서는 노를 젓고 2층에서는 함포를 쏘았습니다. 거북의 등딱지처럼 단단한 천장 위에는 철심이 박혀 있어서 적군이 쉽게 배 위로 뛰어오르지 못했고, 뱃머리에는 용과 도깨비의 얼굴을 새겨 적의 기세를 제압했습니다.

도요토미 히데요시

일본의 무장이자 정치가로 1590년에 일본을 통일했습니다. 그의 야욕은 조선과 중국에까지 미쳐 1592년 부산 침략을 시작으로 임진왜란을 일으켰습니다. 대륙 정벌을 통해 백성들에게 존경을 받고 지방 호족들의 불만을 밖으로 돌릴 생각이었으나 패전을 거듭하며 몰락했습니다.

난중일기

임진왜란이 일어난 직후인 1592년 5월부터 1598년 10월까지 이순신이 기록한 일기로, 국보 제76호로 지정되어 있습니다. 1795년에 정조가 펴낸 〈이충무공전서〉를 통해 세상의 빛을 보게 된 〈난중일기〉는 이순신 장군의 일상과 임진왜란의 세세한 정황이 담겨 있어 역사를 연구하는 데 중요한 자료로 쓰이고 있습니다. 2013년 유네스코는 〈난중일기〉를 세계기록유산으로 등재했습니다.

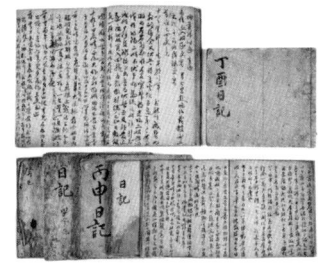
난중일기(아산 현충사 제공)

노량 해전

1598년 11월 19일, 이순신이 퇴각하던 왜군 전함 3백여 척을 상대로 벌인 최후의 전투입니다. 이 전투에서 이순신은 적군의 총에 맞아 숨졌습니다. 이순신은 죽는 순간까지도 "나의 죽음을 알리지 말라."는 말을 남기며 나라를 걱정했습니다. 이순신의 목숨과 맞바꾼 노량 해전에서의 승리는 임진왜란을 끝내는 데 큰 역할을 했습니다.

3. 영웅을 만든 사람들

류성룡(1542~1607)

조선의 명재상 류성룡은 어릴 적부터 이순신과 함께 자란 절친한 벗이었습니다. 탁월한 재능으로 일찍이 벼슬에 오른 류성룡은 이순신을 무관으로 추천하였고, 류성룡을 굳게 신임하던 임금 선조는 이순신을 전라좌수사로 임명했습니다. 덕분에 이순신은 임진왜란이 일어나자 발 빠르게 조선의 바다를 지킬 수 있었습니다.

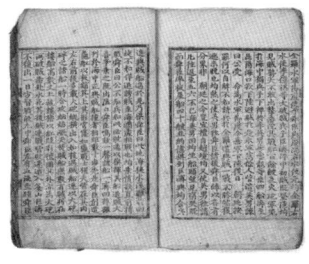
류성룡이 임진왜란을 기록한 〈징비록〉
(아산 현충사 제공)

나대용 영정
(체암나대용장군기념사업회 제공)

나대용(1556~1612)

전라남도 나주에서 태어난 조선 기술자 나대용은 임진왜란이 일어나기 직전에 이순신을 찾아가 자신이 연구한 거북선의 설계도를 보여 주었습니다. 이순신은 나대용의 지혜에 감탄하여 그에게 거북선 제작뿐 아니라 모든 무기의 관리를 맡겼습니다. 나대용이 고안한 거북선 덕분에 조선 수군은 왜군을 크게 격파할 수 있었습니다.

이운룡 영정
(재령이씨 흑석문중 제공)

이운룡(1562~1610)

경상북도 청도에서 태어난 이운룡은 이순신의 정적 원균의 부하였습니다. 설득의 귀재였던 이운룡은 패전한 원균이 도망하려는 것을 막고 이순신에게 도움을 청해 위기를 모면했습니다. 이순신은 자신을 도와 한산 대첩에서 승전보를 울린 이운룡을 후계자로 삼았습니다. 이후 여러 해전에서 공을 세운 이운룡은 이순신의 뒤를 이어 삼도 수군통제사가 되었습니다.

이억기(1561~1597)

임진왜란 당시 전라우수사로 싸웠던 이억기는 전라좌수사 이순신과 함께 많은 해전에서 승리를 거두었습니다. 이억기는 여진족의 침입에 패하여 백의종군하던 이순신을 변호하였으며, 임진왜란 중 이순신이 원균의 모함으로 옥에 갇혔을 때도 선조에게 그의 무죄를 고하며 다시금 이순신을 구해 냈습니다.

4. 세계 속의 이순신

조지 알렉산더 발라드(1862~1948) - 영국의 해군 중장

"이순신의 과감하고 뛰어난 해군 전술은 절대로 맹목적인 모험이 아니었다. 영국의 넬슨과 견줄 수 있는 해군 제독이 또 있다는 사실을 시인하기는 힘들지만, 이순신이 동양의 위대한 장군이었음을 부인할 수는 없다."

도고 헤이하치로(1848~1934) - 일본의 해군 제독

"나를 넬슨에 비하는 것은 가하나 이순신에게 견주는 것은 가당찮은 일이다."

시바 료타로(1923~1996) - 일본의 역사 소설가

"이순신은 청렴한 인물로, 통솔력으로 보나 충성심과 용기로 보나 이런 인물이 실재했다는 것 자체가 기적이라고 할 수밖에 없는 이상적 군인이었다. 세계 역사상 이순신만 한 사람은 없으며 일본인들에게도 큰 존경을 받고 있다."

5. 한눈에 보는 이순신의 발자취

1545년 조선의 수도 한양에서 가난한 양반가의 아들로 태어났습니다.

1576년 서른둘의 나이로 무과 시험에 합격했습니다.

1580년 발포의 수군만호가 되었습니다.

1589년 정읍 현감이 되었습니다.

1591년 전라좌수사가 되어 거북선을 만들었습니다.

1592년 4월, 임진왜란이 일어났습니다.

1592년 5월, 옥포 해전에서 승리했습니다.

1592년 7월, 한산 대첩에서 승리했습니다.

1593년 삼도 수군통제사가 되었습니다.

1597년 2월, 임금의 명을 어긴 죄로 한양으로 끌려가 고초를 당했습니다.

1597년 8월, 다시 삼도 수군통제사로 임명되었습니다.

1597년 9월, 명량 대첩에서 승리했습니다.

1597년 10월, 이순신의 막내아들 면이 전사했습니다.

1598년 노량 해전에서 왜군의 총에 맞아 전사했습니다.

역사를 바꾼 인물들은 도전과 열정으로 역사를 바꾼 인물들의 일생을 만날 수 있는 시리즈로 아이들의 마음밭에 내일의 역사를 이끌어 갈 소중한 꿈을 심어 줍니다.

❶ **이순신**, 거북선으로 나라를 구하다 박지숙 | 학교도서관사서협의회 추천도서
❷ **김구**, 통일 조국을 소원하다 박지숙 | 학교도서관사서협의회 추천도서
❸ **루이 브라이**, 손끝으로 세상을 읽다 마술연필 | 학교도서관사서협의회 추천도서
❹ **세종 대왕**, 세계 최고의 문자를 발명하다 이은서 | 〈국어〉 교과서에 작품 수록
❺ **정약용**, 실학으로 500권의 책을 쓰다 박지숙 | 학교도서관사서협의회 추천도서
❻ **민병갈**, 파란 눈의 나무 할아버지 정영애 | 아침독서 추천도서
❼ **이회영**, 전 재산을 바쳐 독립군을 키우다 이지수 | 학교도서관사서협의회 추천도서
❽ **노먼 베쑨**, 병든 사회를 치료한 의사 이은서 | 학교도서관사서협의회 추천도서
❾ **장영실**, 신분을 뛰어넘은 천재 과학자 이지수 | 학교도서관사서협의회 추천도서
❿ **마틴 루서 킹**, 나에게는 꿈이 있습니다 이지수 | 아침독서 추천도서
⓫ **신사임당**, 예술을 사랑한 위대한 어머니 황혜진 | 학교도서관사서협의회 추천도서
⓬ **헬렌 켈러**, 사흘만 볼 수 있다면 황혜진 | 어린이철학교육연구소 선정도서

박지숙 충남 태안에서 태어났으며 대학에서 문예창작을 공부했습니다. 2003년 중편동화 「김홍도, 무동을 그리다」로 제1회 푸른문학상 〈새로운 작가상〉을 수상하며 작품 활동을 시작했습니다. 지은 책으로는 『김홍도, 조선을 그리다』, 『빈센트 반 고흐』, 『우리나라 역사, 첫 번째 이야기』, 『한옥, 몸과 마음을 살리는 집』, 『이순신, 거북선으로 나라를 구하다』 등이 있고, 엮은 책으로는 『어린이와 청소년을 위한 백범일지』, 『어린이와 청소년을 위한 난중일기』 등이 있습니다.

송지영 계원예술대학교에서 매체미술을 전공하고, 그림으로 행복한 느낌을 전하고 싶어 꼭두 일러스트교육원에서 일러스트를 배웠습니다. 그린 책으로 『이순신, 거북선으로 나라를 구하다』가 있습니다.